엄마가 들려주는 역사 인물 이야기 2
한 사람을 구하는 것이 세상을 구하는 것이다
ⓒ신세은, 장선환 2022

초판 1쇄 발행 2022년 7월 25일
초판 2쇄 발행 2023년 6월 19일

글 신세은 | 그림 장선환
펴낸이 위원석
제작 공간
펴낸곳 딸기책방 ttalgibooks@gmail.com | 주소 인천광역시 강화군 화도면 마니산로 739번길 26-13
전화 070-8865-0385 | 팩스 032-232-8024 | 출판등록 2017년 10월 20일 제357-2017-000008호

ISBN 979-11-91126-17-4 74990
ISBN 979-11-91126-03-7(세트)

이 책의 일부 또는 전부를 재사용하려면 반드시 저작권자와 딸기책방의 동의를 얻어야 합니다.

엄마가 들려주는 역사 인물 이야기 2

한 사람을 구하는 것이
세상을 구하는 것이다

신세은 글 | 장선환 그림

딸기책방

작가의 말

이 책을 읽는 어린이들에게

　　코로나라는 전염병과 함께 날마다 무서운 소식들이 전해질 때였습니다. 많은 것이 갑자기 변하며 생각지도 못한 일들이 모두를 힘들게 했습니다. 저도 같았습니다. 우울과 짜증이 늘었고, 좋지 않은 생각을 더 많이 하게 되었지요. 그때 이들을 만났습니다. 누구보다 두렵고 슬픈 때를 살았으면서도, 어느 때보다 무시무시한 시대에도 따뜻한 마음과 사랑을 잃지 않은 사람들을. 그들이 제게 물었습니다. 지금 잊은 것은 없냐고. 제 자리에서 묵묵히 책임을 다하고, 어려움 속에서도 자기 것을 나누고, 서로를 걱정하고, 한편에서는 나보다 더 어려운 상황에 놓인 사람들을 떠올린 것은 그때였습니다. 내가 해야 할 일은 무얼까 생각하게 된 것도 마찬가지입니다. 그러자 두려움과 슬픔도 더는 저를 괴롭히지 않았습니다. 오래전 사람들이 지금 내 삶에 들어온 듯한 느낌은 아주 생생하면서도 신기하기만 했지요.

　　사는 동안 두려움과 슬픔은 예고 없이 우리를 찾아오곤 합니다. 게다가 기나긴 인간의 역사에서 완벽하게 행복한 세상은 존재한 적이 없습니다. 사람은 서로 다른 시간과 장소에서 각자의 어려움을 겪으며 살아온 것이지요. 그럼에도 위대한 사랑과 용기를 보여 주는 사람들이 있었습니다. 목숨을 걸고 위험 속에서 타인을 구해 낸 이들이 존재합니다. 역사 곳곳에 조용히 잠들어 우리에게 낯선 그들은 마치 숨은 영웅과도 같습니다. 그중 내가 만난 사람들을 소개하려 합니다. 한 사람을 구하며 어느덧 세상을 구한 그들은 우리 안에 얼마나 크고 깊은 마음이 자리하는지 보여 줍니다. 그 삶을 살펴보는 동안 함께 생각해 보세요. 두려움과 슬픔이 찾아올 때, 나는 어떻게 할 것인지를. 바로 대답하지 않아도 돼요. 대답을 찾기까지는 시간이 필요한 질문이니까요. 다만 기억해 주세요. 숲을 품은 씨앗처럼, 내게 어떤 힘이 깃들었는지는 누구도 알 수 없다는 사실을.

2022년 여름
신세은

차례

작가의 말
이 책을 읽는 어린이들에게 _2

씨돌 김용현 _6
어디에나 있는 숨은 영웅

이레나 센들레로바 _20
사랑과 관용을 언제나 지켜 주세요

문형순 _34
옳지 않은 명령을 따를 수는 없다

해리엇 터브먼 _46
우리 모두의 자유를 위하여

욘 라베 _62
생명 위에 설 동맹은 없다

후세 다쓰지 _74
민중과 함께 살고, 민중을 위해 죽으리

안병하 _90
저들은 시민이다

오스카 쉰들러 _108
한 사람을 구하는 것이 세상을 구하는 것이다

폴 루세사바기나 _122
아프리카의 눈물

"따르르르르르릉!"

"모두 나가요! 빨리!"

"거기 비키라고!"

1995년 여름, 시끄러운 비상벨 소리가 한여름 무더위 사이로 울려 퍼졌어. 그 소리를 따라 건물마다 겁에 질린 사람들이 정신없이 뛰쳐나오고 있었지. 갑작스런 상황에 거리를 지나던 이들도 하나둘 걸음을 멈춘 그때, 누군가 다급하게 소리쳤어.

"무, 무너진다!"

그 말이 끝나기가 무섭게 엄청난 소리가 울려 퍼졌단다.

"구구구쿠아아앙!"

복작대는 서울 한복판에서, 거대한 건물이 순식간에 무너져 내린 거야. 어느 때와 다르지 않았던 평일의 오후는 순식간에 지옥이 되고 말았어. 숨조차 쉴 수 없을 만큼 자욱한 먼지가 거리를 휘감았고, 부서진 잔해들이 사방 곳곳으로 날아갔어. 숨이 막혀 멈춰 선 사람들은 거친 기침을 하다 풀썩 쓰러지기도 했지. 그뿐만이 아니야.

"으아아악!"

"빠방! 끼이이익!"

"쾅!"

한 치 앞도 보이지 않는 먼지 속에서 날아온 돌과 콘크리트 더미에 맞아 다친 사람들이 여기저기에서 피를 흘렸어. 그사이 거리를 오가던 차들은 순식간에 방향을 잃고 서로 부딪치며 곳곳에서 큰 사고가 벌어졌단다. 세상은 어느새 비명 소리와 울음소리, 살려 달라는 외침, 자동차 경적 소리, 정체를 알 수 없는 기계음이 서로 어지럽고 시끄럽게 뒤엉켜 버렸어. 마치 전쟁이라도 난 듯 날벼락 같은 일에 사람들은 이성을 잃고 공포에 떨었지. 그걸로 끝이 아니었어.

"살려 주세요!"

"도와주세요!"

"엄마!"

부서진 건물 사이에 위태롭게 서 있는 사람들이 저마다 있는 힘을 다해 외쳤고, 땅속 깊은 곳에서도 희미한 소리가 들려왔어. 건물 아래 지하로 추락한 생존자들의 외침은 더욱 필사적이고 절박했지. 숨 막히는 두려움 속에서 사람들은 도움의 손길을 애타게 기다리고 있었어. 언제 다시 무너질지 모르는 위험은 곧 죽음과 같았으니 누구라도 그랬을 거야.

일상이 순식간에 깨져 버린 1995년 6월, 대한민국을 충격과 슬픔으로 몰아넣은 일이 일어났어. 서울에서도 사람 많은 강남에서 백화점이 무너져 내린 거야. 바로 '삼풍백화점 붕괴 사건'이란다.

서울 한복판에서 느닷없이 거대한 건물이 모래성처럼 무너져 내린 사건에 온 나라가 큰 충격을 받았어. 한강의 다리가 무너져 많은 이들이 다치거나 세상을 떠난 일이 바로 몇 개월 전이었으니 더욱 그러했지. 방송과 신문을 통해 사건이 보도되자 충격과 슬픔은 전국으로 퍼져 갔어.

하지만 사건 현장에 있는 사람들은 슬퍼할 틈조차 없었어. 엄마의 손을 놓친 아이, 아이를 찾는 엄마, 서로를 찾아 헤매는 가족과 친구들, 함께 일하던 동료의 이름을 부르며 눈물을 터뜨리는 사람들……. 전쟁터와 다름없는 폐허에서 사람들은 누군가를 부르거나 울고 있었어. 건물 붕괴와 함께 세상을 떠난 희생자와 크고 작은 부상을 입은 사람들이 잇따라 나왔지만, 그 수를 헤아리는 것조차 어려웠어.

그런데 또 다른 문제가 있었어. 무너진 건물과 함께 땅속으로 추락하여 밖으로 나오지 못한 사람들이 많았던 거야. 백화점이 붕괴하며 주변에 있던 건물들까지 함께 무너져 많은 이들이 당장 어찌될지 모르는 큰 위험에 놓이게 되었지. 이윽고 현장에는 경찰과 소방관, 군인 들이 모여들었어. 1분 1초를 다투는 다급한 상황에 전국의 구조대원들이 모였다고 할 만큼 많은 수였지. 그뿐만 아니라 지역 주민들이 너도 나도 나섰고, 다른 지역에서 찾아온 자원봉사자들도 줄을 이었단다.

사건이 일어나고 바로 다음 날, 젊고 건장한 한 남자가 이 대열에 합류했어.

"강원도에서 오느라 이제야 도착했습니다. 무슨 일이든 하겠으니 맡겨 주세요."

땅속에 갇힌 사람들은 구조의 손길을 기다렸지만 작업은 더디기만 했어. 건물이 무너지면 그 주변의 땅도 힘을 잃고 약해지기 때문에 언제 어디서 또 무너질지 알 수 없어 위험했거든. 하지만 남자는 무슨 일이든 하겠다던 그 말처럼 망설임 없이 현장에 뛰어들었어. 살아남은 단 한 사람이라도 구하기 위해서 말이야.

"붕괴한다!"

"철수해!"

"어서 피해요!"

그럼에도 사람들의 간절한 마음과 달리 현장은 위험이 늘 도사리고 있었어.

"여기요!"

"제발 살려 주세요!"

생존자들의 외침이 들려와도 건물이 또 붕괴하면 물러나야 했기에 수색은 쉽지 않았어. 그러는 사이 소리가 점점 희미해지다 멈추기도 했지. 위험 속에서 마침내 생존자를 찾아냈지만 이미 숨이 끊긴 일도 여러 번이었어. 수많은 희생자를 만든 엄청난 재난 속에서 다시 마주한 죽음은 깊은 슬픔을 가져왔어. 도대체 왜 이런 일이 일어난 것인지 사람들은 너무 화가 났어. 그럴수록 분노와 절망이 희망을 꺼뜨리지 않도록 더욱 용기를 내야만 했단다.

남자도 마찬가지였어. 지금은 분노하고 슬퍼하기보다 생존자를 찾는 게 먼저였어. 그리하여 어느 때보다 간절한 마음으로, 단 한 명의 생존자라도 더 구할 수 있기를, 부디 그 손을 잡을 수 있기를 바라고 또 바랐어. 그 간절함이 통한 것일까. 며칠 동안 온힘을 다해 현장을 살피던 남자는 움찔하며 걸음을 멈추었어. 어디선가 희미한 소리가 들려왔거든.

"살…려……주세요……."

남자는 떨리는 마음을 진정시키고 한 걸음 더 다가갔어. 아주 희미했지만, 그 소리는 분명 살아 있는 사람의 목소리였어. 이윽고 남자는 조심스럽게 걸음을 뗐고, 더욱 조심스럽게 주변을 파헤쳤어. 그리고 마침내 아주 미약하지만 살아서 숨을 내쉬고 있는 사람을 찾아냈지!

그 모습을 보자마자 남자가 큰 소리로 외쳤어.

"생존자다! 산소호흡기! 산소호흡기 가져와!"

삶과 죽음의 갈림길에 놓여 있던 생존자는 스물두 살의 청년이었어. 남자와 맞잡은 손은 차가웠지만 어둠 속에서 홀로 견디다 다행히 세상의 빛을 다시 마주한 거야. 이윽고 생존자는 구급차에 실려 병원으로 향했어. 남자는 그가 무사하길 바라고 또 바라면서도 서둘러 현장으로 발을 돌렸어. 여전히 도움의 손길을 애타게 기다리는 사람들이 있었기 때문이야.

그런데 얼마 뒤, 구조 작업에 애쓰던 남자는 생존자가 병원에 도착하자마자 세상을 떠났다는 소식을 듣고 말았어. 희미하지만 살아 있음을 알리던 목소리, 미약하지만 뛰기를 멈추지 않았던 심장……. 삶과 죽음의 사이에서도 희망과 의지를 놓지 않았던 생존자의 모습이 떠올라 남자는 고개를 떨구었어. 그토록 애타게 찾았던 사람의 마지막 소식에 슬픔과 비통함을 감출 수 없었단다.

그 뒤 삼풍백화점 붕괴 사고가 몇몇 사람들의 부패와 비리, 위험한 욕망이 만들어 낸 비극이라는 사실이 밝혀졌어. 사람들은 모두 경악했고, 책임자를 처벌하라며 목소리를 높였어. 그와 함께 사고 다음 날 홀연히 나타나 구조 작업에 힘쓰고 생존자를 찾았던 남자에게도 관심이 쏠리고 있었어. 취재 요청이 줄을 이었지만, 남자는 그저 한 마디를 남겼을 뿐이야.

"저는 괜찮습니다."

그러고는 갑자기 나타나 현장에 뛰어들었을 때처럼 또 훌쩍 모습을 감추었어. 홀연히 나타났다 다시 사라진 남자의 이름을 아는 이는 거의 없었단다.

이 사람이 '김용현'이야. 그는 씨돌, 요한, 자연인으로도 알려져 있어. 늘 바람처럼 왔다 다시 바람처럼 떠나곤 했지만, 그를 만난 이들은 입에서 입으로 남자의 이름을 전하고 있었어. 삼풍백화점 붕괴 사건뿐만 아니라 거친 파도

같은 우리 현대사에서 김용현이라는 이름은 그늘진 구석구석에서 함께했단다. 그는 모든 차별과 경계를 넘어 고통받고 소외당하는 사람들을 위해 목숨을 걸었고, 폭력에 맞섰으며, 눈물을 흘렸거든. 그 모든 일을 그저 '인간으로서 당연히 해야 할 일'이라면서 말이야. 그럼에도 그의 이름은 우리에게 여전히 낯설기만 해.

역사는 눈에 보이는 것과 보이지 않는 것이 함께 발맞추며 지금 우리에게까지 흘러왔다고 할 수 있어. 그리하여 널리 알려지고 또 우리가 기억하는 훌륭한 분들만큼, 거의 알려지지 않았지만 숨은 영웅도 늘 함께하고 있었단다. 그들은 위험한 상황에서 비밀스럽게 행동했기에 대부분 밖으로 드러나지 않은 채 잊히기도 했어. 때로는 그 이전의 모습과 지금이 달라 부끄럽다며 스스로 모습을 감추기도 했지. 위험을 무릅쓴 용기 있는 선택은 비록 널리 알려지지 않았지만, 그럼에도 우리가 가늠하기 힘든 저 깊은 곳에서 세상이 올바른 방향으로 나아가게 하는 힘이 되고 있었어.

세상을 살아가는 우리는 똑같은 사람은 하나 없이 모두 달라. 아무리 똑같이 생긴 쌍둥이라도 똑같은 사람이라고 할 수는 없거든. 그러니 한 사람은 곧 하나의 세상이라고 할 수 있을 거야. 그리하여 이 세상은 사실 하나가 아니라 저마다 다른 수많은 세상이 톱니바퀴처럼 함께 맞물려 돌아가는 것이지.

생김새도 성격도 모두 다른 사람들처럼, 그 톱니바퀴도 같은 것은 하나도 없어. 그러니 그중 하나가 고장이 난다면 다른 모든 것도 영향을 받을 수밖에 없지. 누군가의 삶이 불행하다면 우리 모두 크고 작은 영향을 받는 거야. 그 거리가 가까울수록 더욱 그럴 것이고, 아무리 멀더라도 말이야. 오래전 유럽에서 제2차 세계대전이 일어나는 동안 우리나라도 결코 평화로울 수 없었던 것처럼, 만난 적 없는 사람들에게 불행한 사건이 생기면 우리 모두 슬픔을 느끼는 것처럼.

채은아, 그런데 지금까지 역사가 흘러오는 동안 사람들의 삶이 파괴되어 그 톱니바퀴가 고장 나고 멈추는 일은 아주 많았단다. 전쟁과 독재 같은 잔인하고 거대한 폭력과 수많은 이가 희생된 대형 참사는 특히 지우기 힘든 상처를 남겼지. 오래된 차별 또한 마찬가지야. 세상의 톱니바퀴가 다시 돌아가기까지, 사람들은 많은 피와 눈물을 흘리며 큰 노력을 들여야 했어.

그 일은 결코 쉽지 않았기에, 고치지 못하고 끝내 부서지는 경우도 있었지. 쓰디쓴 절망이 때로는 아무것도, 누구도 믿을 수 없게 만들기도 하거든. 그럼에도 숨은 영웅들은 언제나 세상과 사람과 사랑을 다시 믿게 만드는 힘이 되었단다. 크고 작은 폭력과 불의 속에서도 사람이 간직해야 할 것들을 지켜 낸 이가 있다는 사실을 그 삶으로 보여 준 거야.

우리에게 감동을 주며 무엇이 옳은 길인지 생각하게 만드는 이들은 늘 사람들의 마음에 사랑과 용기를 되새겨 주고 있어. 언젠가 세상의 톱니바퀴가 고장 나고 멈추더라도, 그것을 고쳐 나갈 수 있다고 믿게 만드는 힘이 되는 거야. 그리하여 정말 그런 일이 생겼을 때, 우리는 다시 용기를 내고 앞으로 나아갈 수 있는 것이지. 아주 오래전 과거와 현재는 그렇게 이어져 있단다.

그러니 앞으로도 마찬가지일 거야. 한 사람 한 사람의 선택이 세상을 바꾸는 시작이 되고, 또 미래로 이어지고 있지. 서로 다른 세상을 간직한 우리의 손에, 바로 너의 손에 미래가 달려 있는 거야. 한 사람을 구하며 세상을 구해 낸 사람들은 그렇게 말하고 있어. 역사의 보이지 않는 자리에서, 사랑과 용기를 잃지 않으며 세상을 이끈 숨은 영웅들. 그 이야기를 함께 만나 보지 않을래?

이레나 센들레로바

사랑과 관용을 언제나 지켜 주세요

1940년 겨울, 폴란드 바르샤바의 '게토'에는 더욱 엄격한 경비가 서고 있었어. 바로 전해에 폴란드를 침략한 독일군은 유대인들의 자유를 하나둘 가로막는 것에 만족하지 않았어. 이윽고 유대인이 살던 지역을 '감염 구역'으로 지정하고 다른 사람들의 출입을 금지했지. 유대인 격리 도시, '게토'의 탄생이었단다.

일본, 이탈리아와 손잡은 독일은 제2차 세계대전을 일으켜 세상을 전쟁의 소용돌이로 몰아넣었어. 그런데 그걸로 끝이 아니었어. 독일 국민 대다수가 속한 게르만족이 세계를 지배한다는 섬뜩한 목표로, 이른바 인종대청소를 시작한 거야. 유대인을 비롯해 집시와 소수 민족 등을 모두 죽여 없애 버린다는 소리였단다.

도덕적으로도 옳지 않고, 상식적으로도 말이 안 되는 이 일에 독일 사람들 대부분이 응원하며 힘을 보탰어. 많은 이들이 생각하기를 멈추었던 그때, 유대인들을 잡아 가둔 게토는 좁은 공간에 너무 많은 사람이 살며 크고 작은 문제들이 잇따라 일어나고 있었어. 먹을 것이 부족했고, 추운 겨울에도 난방은 전혀 할 수 없었지. 먹을 물도 부족했으니 씻을 물도 없었고, 자연히 전염병이 돌기 시작했어.

전쟁 중에 차별받는 이들에게 약을 주는 사람은 찾아보기 힘들었어. 그리하여 많은 사람이 쓰러지며 세상을 떠났단다. 특히 어린이와 노인처럼, 몸이 약한 이들의 고통은 더욱 커져 갔지.

그때, 게토의 어느 집에서 한 여자가 아이에게 소리를 낮추어 말하고 있었어.

"네 이름은 이제 아나스타샤야. 부모님과 잠시 떨어져 지내겠지만, 꼭 다시 만날 테니 너무 걱정하지 마렴. 네 진짜 이름은 내가 잘 간직하고 있을 테니까."

여자가 따스한 목소리로 아이를 달래는 동안 그 뒤에서 아이의 부모는 서로에게 기댄 채 눈물을 참고 있었어. 제대로 먹지도 자지도 못하는 나날이 이어지며 쇠약해진 두 사람은 얼굴빛이 좋지 않았어. 이대로는 아이마저 같은 처지가 될 판이었지. 그뿐만 아니라 수용소 같은 게토에서는 언제 무슨 명령으로 죽음이 찾아올지 알 수 없었어. 그리하여 부디 아이만이라도 살아남길 간절하게 바랐던 부모는 그곳에서 아이를 빼내 다른 집으로 보내자는 제안에 바로 찬성했던 거야.

이윽고 부모와 아이가 서로 부둥켜안고 인사를 나누었

어. 곧 만날 거라 생각했던 아이는 밝은 표정이었고, 부모는 다시 만나지 못할 얼굴을 잊지 않으려고 보고 또 보길 멈추지 않았어. 야속한 시간은 금세 흘러 헤어질 시간이 찾아왔어. 부모는 눈물을 참고 웃는 얼굴로 말했단다.

"안나야, 사랑한다."

아이가 가방 속에 들어가자 여자는 숨을 쉴 수 있도록 여유를 남기고 지퍼를 닫았어. 여섯 살이지만 잘 먹지 못한 아이는 가볍기만 했어. 부모에게 눈인사를 하고 집을 나서자 닫히는 문 뒤로 낮은 울음소리가 들려왔어. 가슴속에서 올라오는 무언가를 애써 누르며 걸음을 옮긴 여자는 트럭에 올라탄 순간에야 짧은 한숨을 내쉬었단다. 그러고는 운전석에 앉은 사람에게 눈짓하자 차가 출발하기 시작했어.

독일군의 검문을 받고 게토에 드나들었지만, 중환자를 태우는 트럭을 꼼꼼히 검사하는 사람은 없었어. 무시무시한 독일군도 전염병은 두려워했기 때문이야. 그리하여 여자와 아이를 태운 차는 순식간에 게토를 빠져나왔단다.

시청에 도착해 작은 가방을 들고 내린 여자는 바로 다음 차에 몸을 실었어. 멈추지 않고 달리던 차가 도착한 곳은 어느 집이었지. 자신을 따뜻하게 맞아 주는 부부와 아이들에게 이끌려 집으로 들어간 여자는 그제야 안도하며 작은 가방을 내려놓았어.

집에서 나온 뒤 처음으로 열린 가방에서 아이는 낯선 표정이었어. 그럼에도 자신을 향해 활짝 웃는 사람들을 보며 수줍게 인사했단다. 안나가 도착한 곳은 각각 열한 살, 열 살 된 두 딸을 키우는 부부의 집이었어. 생김새도 비슷해세 아이는 자매처럼 보였지.

"안나야, 부모님을 다시 만날 때까지 여기서 지내는 거야. 너의 이름은 이제 뭐라고?"

"……아나스타샤."

"그래, 여기서 조금만 참고 있으렴. 그럴 수 있겠니?"

여자의 말에 아이는 고개를 끄덕였어. 아이에게 웃어 보인 여자는 부부에게 안나의 가짜 출생증명서를 건네며 몇 가지 말을 전한 뒤 바로 집을 나섰어. 자신의 도움을 필요로 하는 아이들이 여전히 많았기 때문이야. 여자는 안나가 건강하게 잘 지내길 바라며 다시 차에 몸을 실었어.

독일군이 침략하기 전부터 유대인을 향한 차별에 맞섰던 사람. 그리하여 게토의 유대인 가정을 정성껏 돌보며 400여 명의 아이들을 직접 구했던 여자는 비밀 단체에 들어간 뒤 무려 2,500명의 아이들을 살렸단다. 모든 사람은 평등하다는 믿음으로 혼란스러운 시대를 밝힌 '이레나 센들레로바'야.

이레나는 어린 시절 어머니를 잃고 아버지와 살았어. 의사였던 아버지는 모든 사람이 소중하다고 믿으며 그 누구도 외면하지 않는 사람이었지. 그리하여 돈이 없어 진료받지 못하는 이들을 직접 찾아다니며 보살펴 주었단다. 폴란드에 전염병이 퍼질 때도 마찬가지였어. 전쟁이 일어나기 전에도 유대인들은 차별받았지만, 사람을 가리지 않았던 아버지는 도움이 필요한 곳이라면 어디든 달려갔어. 그러다 그만 병에 걸리고 말았지.

"어려움을 겪는 사람을 보면 도와야 한다. 사람은 서로를 구하며 사는 거야."

평생 차별에 맞섰던 아버지가 죽기 전에 남긴 말은 그 삶과 다르지 않았어. 일곱 살에 홀로 남은 이레나는 아버지의 도움으로 살아남은 유대인 가정의 보살핌을 받으며 대학 공부까지 마칠 수 있었단다. 사람을 가리지 않고 도왔던 아버지의 손길이 이레나의 삶에 그대로 되돌아온 거야. 이레나가 평생 누구도 차별하면 안 된다고 생각했던 건 그

런 이유 때문일지도 몰라. 사람은 모두 소중하며, 그러므로 서로 돕고 살아야 한다는 사실을 삶으로 배운 것이지.

이렇듯 아버지의 유언을 가슴에 새기며 어른이 된 이레나는 가난한 사람들을 돌보는 사회복지사가 되었어. 시청에서 일하며 직접 자선 단체를 만들기도 했고, 당시 유럽에 극심했던 유대인 차별에 맞서 가난한 유대인 가정을 돕는 일에 특히 힘썼단다.

그러던 중 불안과 긴장으로 이어지던 역사에 끔찍한 전쟁이 일어나고 말았어. 몸도 마음도 멀쩡한 사람을 찾기 힘들었던 그때, 이레나의 가슴에 깊이 새겨진 아버지의 유언은 그대로 삶의 나침반이 되었어. 어려움에 놓인 사람을 모른 척해서는 안 된다는 그 말은 위기와 시련이 찾아올 때마다 힘을 주었지.

한편 이레나가 돌보던 유대인 가정들은 거의 동시에 게토에 갇히게 되었어. 그런데 그곳에 드나드는 동안 굶주린 부모보다 더 빠르게 쇠약해지는 아이들이 보이기 시작했어. 이레나는 전쟁을 막을 힘은 없었어. 하지만 자신이 할 수 있는 일이 있을 거라고 생각했지. 그리하여 늘 만나는 아이들을 죽음에서 구하기로 마음먹게 되었단다.

게토에 드나들며 뜻을 함께하는 동료들에게 도움을 구한 이레나는 긴장 속에서 첫 아이를 데리고 나오는 데 성공했어. 미리 약속한 기관에 아이를 데려다 주었고, 새로 만든 가짜 출생증명서도 함께 전했지. 한 번은 두 번이 되고, 두 번은 세 번으로 늘며 어느덧 그 수는 400명에 이르렀어.

하지만 아이가 가족과 떨어지는 건 쉽지 않았고, 때로는 부모가 그 일을 받아들이지 못하기도 했어. 부모의 의견이 엇갈리던 어느 가족과 다시 의논하기로 하고 다음 날 찾아갔을 때, 모두 수용소에 끌려가 이미 세상을 떠났다는 사실을 알게 된 순간에는 절망하기도 했지. 상상하기 힘든 잔인한 현실에 굳은 의지가 흔들리는 날도 여러 번이었어.

그럼에도 이레나는 멈추지 않았어. 잠시 주저앉았어도 다시 일어났단다. 자신을 기다리고 있을, 여전히 죽음 앞에 놓인 아이들을 떠올리면서 말이야. 이레나는 먼 미래를 생각하지 않았어. 오로지 지금 눈앞에 놓인 한 생명, 한 아이만을 생각하며 나아간 거야. 히틀러와 나치가 게토를 파괴하고 사람들을 수용소로 보내 죽음으로 몰아넣을 때도 마찬가지였지. 이레나는 더 많은 아이를 구하기 위해 자신과 뜻이 같은 비밀조직 '제고타'에 들어갔어.

제고타에서 이름 대신 암호명을 쓰던 이레나는 바르샤바의 아이들을 책임지는 리더가 되었어. 아이들을 구하기 위해 온갖 방법을 생각하는 동안 배관 기술과 열쇠 수리법까지 배웠지. 그는 공구 상자에 아이들을 숨겨 나오기도 했고, 때로는 쓰레기 봉지를 쓰기도 했는데 곁에는 늘 개가 함께하고 있었어. 혹시라도 아이가 울 때를 대비한 방법이었지. 아이가 울어도 개가 짖는 소리에 묻히곤 했거든. 이렇듯 이레나는 제고타의 사람들과 함께하며 2,500명의 아이들을 구해 낼 수 있었단다.

그런데 1943년 겨울, 그 행동을 주시했던 비밀경찰은 이레나를 위험인물이라며 체포한 뒤 조직과 사람들에 대해 털어놓으라고 협박했어. 하지만 그가 입을 여는 일은 없었기에 비밀경찰은 아무것도 알아내지 못했어. 그러자 화가 난 그들은 이레나를 고문까지 했는데, 얼마나 가혹했는지 두 팔과 다리가 부러질 정도였지. 아이들을 구했다는 이유로 그런 심한 일을 당하다니, 정말 이해할 수 없는 일이지? 생각하길 멈출 때 사람은 그런 끔찍한 짓을 저지르기도 하는 거야.

하지만 비밀경찰은 끝내 아무것도 알아낼 수 없었어. 고문이 점점 가혹해졌지만 이레나는 꿈쩍하지 않았거든. 그들이 뭐라 말해도 이레나는 자신이 틀리지 않았다는 걸 잘 알고 있었어. 오히려 같은 사람이면서 어떻게 다른 사람에게 그렇게 잔인할 수 있는지 이해할 수 없었지.

'당신들도 사람이면서 왜 이런 짓을 하나요?'

이레나의 흔들림 없는 눈빛은 그렇게 묻곤 했어. 결국 비밀경찰은 그의 입을 열 수 없다는 사실을 인정할 수밖에 없었단다. 그러자 이레나에게 사형을 선고했어. 아이들의 목숨을 구했다는 이유로 고문하고 사형선고를 내리다니, 전쟁은 사람의 마음과 생각을 이렇게까지 망가뜨릴 수 있는 거야.

한편 제고타의 동지들은 이 일을 그냥 두고 보지 않았어. 독일군 병사에게 뇌물을 주며 정보를 빼냈고, 마침내 이레나를 감옥에서 구해 냈단다. 그들 역시 사람은 서로를 구해야 한다는 사실을 믿으며 생각하길 멈추지 않았거든.

수많은 사람을 희생시키며 얻은 힘은 결코 오래갈 수 없었어. 마침내 독일과 동맹국들이 전쟁에서 패하며 끔찍했던 대량 학살도 멈추게 되었지. 그리하여 많은 사람과 함께 이레나도 집에 돌아오게 되었단다. 무사했다고 하기에는 너무 많은 몸과 마음의 상처를 안고 있었지만, 괴물이 되지 않았던 그는 잔인한 전쟁 중에도 사람으로 존재할 수 있었어. 아마도 그것이 거대한 폭력에 맞섰던 사람들이 얻은 작은 승리라고 할 수 있을지 몰라.

집에 도착한 이레나는 사과나무로 달려가 그 아래를 파기 시작했어. 땅속에서 항아리가 보였고, 안에는 아이들의 이름이 적힌 서류가 있었지. 이레나는 자신이 구한 아이들의 진짜 이름과 가짜 이름을 모두 적어서 보관했던 거야. 전쟁이 끝난 뒤 다시 가족을 찾아 주겠다던 약속을 지키기 위해서였단다. 그것을 폴란드 유대인 단체에 전달하자 2,000여 명의 아이들이 자신의 원래 이름을 되찾을 수 있었어. 하지만 그 가족들은 거의 세상을 떠난 뒤였어. 왜 이런 일이 일어나야 했을까?

채은아, 수많은 아이를 살린 이레나는 전쟁이 끝난 뒤에도 그 공을 인정받지 못했어. 전쟁 중에 독일이 점령한 지역에서 공무원으로 일했다는 이유 때문이었지. 모든 것이 파괴된 전쟁에서, 남은 것이라곤 고이 보관했던 서류뿐이었거든. 당시 사람을 구하는 일은 비밀스럽게 이루어졌기에 그것을 증명하는 것도 쉬운 일은 아니었어.

그럼에도 유대인 아이들을 구해 준 것에 이스라엘 정부에서 감사 인사와 의로운 시민상을 주었는데, 폴란드 정부는 이레나가 이스라엘에 다녀오는 것을 허락하지 않았어. 전쟁이 끝난 뒤 폴란드는 사회주의 국가가 되며 두 나라는 서로 적이 되었기 때문이야. 끔찍한 전쟁으로 너무 큰 희생을 치른 뒤에도 보이지 않는 전쟁은 계속되고 있었거든. 하지만 그런 현실에도 이레나는 좌절하지 않았어. 모든 사람은 평등하다고 믿었던 그는 오랜 믿음을 끊임없이 실천하며 세상을 떠날 때까지 어린이와 노인을 돌보는 일에 힘을 쏟았어.

눈앞의 한 사람을 살리기 위해 목숨을 걸었던 이레나 센들레로바. 모든 사람은 소중하다고 믿으며 앞으로 나아간 그 손은 수많은 어린이를 죽음에서 구해 냈어. 전쟁의 반대는 평화가 아니라 '평범한 일상'이라는 진리를 삶으로 실천한 이레나는 2008년 눈을 감으며 이런 말을 남겼단다.

"사랑을 간직한 여러분, 전쟁뿐만 아니라 평화로울 때에도 사랑과 관용을 지켜 주세요."

문형순
옳지 않은 명령을 따를 수는 없다

1950년 8월 30일, 어디선가 지저귀는 새 소리와 함께 날이 밝아 오고 있었어. 두 달 전 시작된 전쟁이 한반도를 핏빛으로 물들이는 중이었지만, 그럼에도 어김없이 아침은 찾아왔지.

그때, 바다 건너 제주도의 성산포경찰서에서는 한 남자가 밤새도록 자리를 지키고 있었어. 시간이 얼마나 흘렀을까. 입을 굳게 다문 그는 마침내 결심이 선 듯 고개를 끄덕였어. 자리로 돌아간 남자는 종이 한 장을 꺼내 들었어. 열흘 동안 그의 가슴을 무겁게 짓누르던 문서는 '좌익 반역자'에 대한 것이었어. 뚜렷한 증거는 없었음에도, 목록에 오른 300여 명을 총으로 쏴 죽이라는 명령이었지.

남자는 그 바로 위에 이렇게 한 글자씩 써 내려갔단다.

不當하므로 不履行(부당하므로 불이행)

'그 명령은 옳지 않으므로 따를 수 없다'는 뜻이었어.
망설임 없는 단호함으로 끝맺은 한 문장, 여덟 글자. 그 한 줄이 수백 명의 사람을 살렸다면 믿을 수 있겠니?
경찰도 군인의 명령을 받아야 했던 1950년 8월, 좌익 반역자로 의심되는 이들을 총살하라는 명령이 내려왔어. 남북이 각각 미국과 소련의 손을 잡으며 전쟁까지 일어나자, 좌익 반역자는 곧 남한 전체의 적이라는 뜻이 되었거든.

그리하여 당시 죄 없는 사람들이 반역자로 몰려 죽는 일은 흔했단다. 제주도 역시 마찬가지였어. 피해자들 대부분이 억울하다는 걸 알면서도 사람들은 살아남기 위해 그 명령을 따르곤 했어. 생판 남을 위해 목숨을 내놓는 건 그 누구에게도 쉬운 일이 아니기 때문이야.

하지만 남자는 명령을 거부하며 죄 없는 사람들의 목숨을 지키고자 결심했어. 그리하여 그해 여름, 지독한 고문과 처참한 죽음을 앞두고 있던 300여 명의 제주민이 모두 무사할 수 있었단다. 한 문장으로 수많은 이를 살린 사람. 북쪽에서 태어나 독립운동을 하며 만주를 누비다 제주도의 경찰이 된 남자. 이 사람이 '문형순'이야.

역사는 매순간 수많은 사람의 수많은 선택으로 이어지고 있어. 늘 옳은 길을 간다는 건 어느 때나 거의 불가능한 일이었지. 그럼에도 끝까지 사람의 도리를 지키기 위해 애쓴 이들은 늘 있었단다. 비록 그 수는 언제나 더 적은 쪽이지만, 그런 사람들은 어김없이 모습을 드러내곤 했어. 문형순처럼 말이지.

오랫동안 독립운동을 했기에 윗사람들조차 함부로 할 수 없었던 문형순은 계급이 높은 경찰이었어. 혼란스러운 시대였지만 조금만 조심한다면 큰 탈 없이 살 수 있을 정도였지. 하지만 그는 다른 사람들을 위해 스스로 위험에 뛰어들었단다. 왜 그랬을까?

문형순의 어린 시절에 대해서는 평안남도에서 태어나 1919년 만주 신흥무관학교를 졸업했다는 정도만 알려져 있어. 당시 독립군을 길러 냈던 신흥무관학교를 10대 후반에서 20대 초반에 졸업한 그는 독립운동 단체를 두루 거치며 살아갔어.

1945년, 마침내 일본이 항복하며 조선은 식민지에서 벗어날 수 있었어. 독립을 위해 싸웠던 청년 문형순은 어느덧 중년의 어른이 되어 있었지. 그는 이제 민중의 지팡이가 되어 새 나라를 세우는 데 힘을 보태기로 결심했어. 그리하여 1947년 5월, 제주경찰감찰청에서 새로운 삶을 시작하게 되었단다.

당시 제주도는 이른바 '4·3사건'으로 무척 혼란스러운 상태였어. 하루가 멀다 하고 많은 사람이 끌려가 총에 맞

아 죽었지. 해방 뒤 남한과 손잡은 미국이 소련 및 북한과 내통하는 이들을 잡아들인다면서 그 불길은 더욱 거세지는 중이었거든. 그와 함께 마을의 안전을 책임지던 경찰 문형순의 마음은 점점 복잡해지고 있었어.

독립운동에 젊음을 바치는 동안 여러 사람이 그를 스쳐 갔어. 두려움 없는 동지들 반대편에는 나라를 팔아먹고 민족을 배신한 친일반역자들이 있었지. 일본군에 들어가 일본인보다 더 잔인하게 독립운동가를 죽인 자들도 마찬가지였어. 한편에는 배우지 못하고 가진 것도 없었지만, 먹고살기 힘든 중에도 사람의 도리를 저버리지 않은 이들도 있었단다.

제주도에 내려온 뒤 문형순이 만난 사람들은 거친 섬에서 살아가느라 억척스러웠지만, 제 욕심만 채우던 친일반역자들과는 달랐어. 더구나 좌익 반역자를 잡으러 왔다는 군인들 중에 한때 일본군에 몸담았던 자들도 끼어 있다는 사실을 알게 된 뒤로 고민은 더욱 깊어만 갔지.

그런데 문형순이 모슬포 지서장으로 승진한 1948년 겨울, 어느 마을의 면장과 교회 목사가 다급히 경찰서를 찾아왔어. 그러더니 좌익 반역자 명단에 올라 죽을 처지에 놓인 100여 명의 억울함을 호소하기 시작했어. 살아남은 가족과 이웃에게 먹을 것과 입을 것을 주었을 뿐, 그들은 절대 반역자가 아니라며 자수할 테니 목숨만은 살려 달라고 말이야.

모든 사람이 군인의 명령을 따라야 하는 상황에서, 좌익 반역자로 이름 올린 사람을 살린다는 것은 자기 목숨을 내놓아야 할 정도로 위험한 일이었어. 그럼에도 두 사람의 말을 끝까지 들은 문형순은 마침내 낮은 목소리로 대답했단다.

"무슨 뜻인지 잘 알아들었디요. 내래 자수서는 마을에서 받아 제출할 테니, 어긋남이 없도록 미리 말을 맞춰야 하오. 만에 하나 어긋나면 모두가 위험하니, 각별히 조심하시디오."

그러고는 약속한 대로 찾아가 그 마을 사람에게 자수서를 받게 했어. 당시 경찰서에서는 가짜 자수서가 만들어져 억울한 사람이 죽기도 할 만큼, 언제 어디서 무슨 일이 생길지 모를 일이었거든. 그 뒤 자수서를 본 군인들은 꼬투리 잡을 만한 일은 없다며 경찰서에 불려 갔던 사람들을 모두 풀어 주었어. 문형순의 용기와 지혜 덕에 사람들은 모두 무사할 수 있었던 거야. 이 일은 살아남은 사람들만큼이나 그에게도 잊지 못할 순간으로 남았어. 사람들을 살리기 위한 크고 작은 노력도 바로 이때부터 시작되었지.

한편 1950년 6월 25일, 결국 전쟁이 일어나고야 말았어. 우리 민족은 남과 북으로 나뉘어 서로에게 총을 겨누었고, 비극 속에서 제주도의 피바람도 더욱 거세지기만 했어. 많은 이가 억울하게 죽었고, 그 시신은 바다에 던져지거나 아무렇게나 묻혔단다.

그러던 8월 20일, 그 전해에 성산포 경찰서장이 된 문형순 앞으로 바로 그 문서가 도착한 거야. 처음 본 순간부터 심장을 무겁게 짓누른 종이에는 좌익 반역자 명단에 오른 300여 명을 총으로 쏴 죽이라는 명령이 씌어 있었어.

명령을 반드시 따라야 하는 경찰이 되었지만, 폭력으로 한 나라가 다른 나라 위에 서는 것이 잘못된 것처럼 사람 또한 같다고 그는 생각했어. 그것은 무엇으로도 깨뜨릴 수 없는 사람의 도리였지. 설령 군대의 명령이라고 해도, 자신이 위험해지더라도 말이야. 열흘 동안 고민하던 문형순은 마침내 옳지 않은 명령을 따를 수는 없다고 대답했어. 사람의 목숨이 깃털처럼 가벼워진 시대, 죽음이 늘 아른거리는 두려움 속에서 그 한 줄은 그대로 살아 있는 역사가 되었단다.

문형순의 용기 덕분에 죽을 처지에 몰렸던 수백 명의 사람은 모두 무사히 풀려날 수 있었어. 그럼에도 그는 구하지 못한 이들을 떠올리며 괴로워했을지 몰라. 독립운동을 한 것도, 전쟁 중에 사람들을 구해 낸 것도, 한 번도 스스로 내세운 적 없을 만큼 그에게는 모두 그저 마땅히 해야 할 일이었거든. 사람으로서 지켜야 할 도리라고 말이야.

채은아, 제주 4·3사건은 1947년 3월부터 1954년까지, 무려 7년 동안 이어지며 수많은 사람을 죽음으로 내몰았어. 죽은 이들의 시신도 유골도 찾을 수 없었고, 실종된 사람도 수천 명에 이르렀지.

섬의 인구는 많지 않았기에 모두 서로의 가족이자 친척이고 이웃이었어. 한 다리 건너면 아는 가까운 사이였단다. 그러다 보니 한 사람이 좌익으로 몰리면 그와 가까이 지낸 사람도 좌익으로 분류되고, 또 그 사람과 가까이 지낸 사람까지 죄인으로 몰려 마을 사람 전체가 한꺼번에 학살되는 일이 많았다고 해.

정말 끔찍한 날들이었을 거야. 그러다 보니 다행히 목숨을 구한 사람들에게마저 그 시절은 죽음 같은 기억으로 남아 있겠지.

그런데도 이 사건이 제대로 평가받기까지, 피해자들이 사과를 받기까지 오랜 시간이 걸렸어. 4·3사건으로 제주 사람들 모두가 피해를 봤다고 할 만큼, 지워지지 않을 깊은 상처와 슬픔이 된 이유였지. 그런 거대한 폭력에서 문형순은 사람의 도리를 저버릴 수 없다며 단호하게 명령을 거부했던 거야.

한편 서로를 의지하며 살아간 사람들은 진실을 기억하고 있었어. 그리하여 그들과 그들의 후손들은 진실을 위해 다른 사람들과 힘을 모아 긴 시간을 싸웠고, 4·3기념관을 세워 진상을 알렸으며 마침내 나라의 사과까지 받아 냈어. 그 과정에서 오래전 문형순은 아주 중요한 역할을 했단다. 당시 군대의 명령을 받았던 경찰이, 이것은 옳지 못한 일이므로 명령을 거부한다고 쓴 글은 그대로 이 사건이 얼마나 잘못된 일이었는지 보여 주는 증거가 되었거든.

혼란스러운 시대에도 사람이 가야 할 길을 걸었던 그는 과거에도 현재에도 억울한 이들에게 큰 힘이 된 거야. 그리하여 4·3사건이 제대로 평가받게 된 순간, 사람들은 그의 이름을 함께 외쳤어. 오래전 거대한 폭력에 맞서 수많은 이를 구한 경찰이 있었다고, 시간이 흘러도 변하지 않을 도리를 지킨 문형순이 바로 그 사람이라고 말이야.

해리엇 터브먼
우리 모두의 자유를 위하여

1860년, '찰스 낼리'라는 남자가 미국 뉴욕의 한 경찰서에 붙들려 있었어. 찰스는 사실 남부에서 도망친 노예였어. 백인 아버지와 흑인 노예 어머니에게서 태어나 같은 처지의 여자와 결혼했는데, 주인이자 아버지의 유언으로 자유를 얻은 아내와 달리 여전히 노예 신분에서 벗어나지 못했지. 당시 남부의 법은 그들을 부부로 인정하지 않았고, 서로 다른 사람과 재혼하라고 명령했어. 가정을 이루고 자식까지 낳아 기르던 찰스는 충격에 빠졌어. 홀로 노예로 남아 가족들과 떨어져 살라는 명령까지는 따랐지만, 그 이상은 도저히 받아들일 수 없었거든.

　그 무렵 북부에서는 이미 노예제가 금지되었기에 남부의 노예들이 그곳으로 도망치는 일이 생기기 시작했어. 그 사실을 안 찰스와 가족들도 마침내 고향을 떠나기로 결심하고, 먼 길을 지나 뉴욕에서 새 삶을 살게 되었단다. 그런데 도망치는 노예들이 더욱 늘어나자 노예제를 찬성하는 사람들은 '노예송환법'을 만들었어. 도망 노예들을 주인들에게 되돌리는 것을 법으로 인정한 거야. 강제로 돌아간 이들을 기다리는 건 잔혹한 고문과 죽음이었지.

　이전까지 자유를 보호해 주던 뉴욕에서도 어느덧 노예

송환법이 지지를 받게 되었어. 남부에서 도망친 노예로 현상금이 붙은 찰스가 경찰에 붙잡혔을 무렵이었단다. 주인에게 다시 끌려가는 첫 번째 노예가 생긴다는 소문이 거리를 휩쓸자 남부에서 탈출한 흑인들은 두려움과 불안에 떨었고, 실제로 그런 일이 생기자 모두 경찰서로 몰려갔어.

경찰서 주변은 남부 출신의 흑인들 말고도 자유민 흑인들과 노예제를 찬성하거나 반대하는 백인들로 발 디딜 틈이 없었어. 서로 다른 입장이었지만 사람들은 하나같이 잔뜩 흥분한 상태였지.

그들 속에는 허리가 굽은 흑인 할머니도 있었어. 까딱하면 폭발할 것 같은 긴장을 그는 가만히 지켜보고 있었단다. 시간이 얼마나 지났을까. 할머니는 이윽고 곁에 있던 아이들 몇 명에게 귓속말을 했어. 무슨 얘기를 했는지 그 말이 끝나자마자 거리로 흩어진 아이들은 어른들 사이를 요리조리 빠져나가더니 동시에 큰 소리로 외치기 시작했어.

"불이야!"

"불이야!"

지금보다 화재에 훨씬 취약했던 때였으니 사람들은 놀라서 허둥거렸어. 근처의 건물들에서는 모두 비상벨이 시끄럽게 울려 대며 사람들이 쏟아져 나왔지. 이미 꽉 찬 거리에 또 사람들이 더해지자 북새통이 따로 없었어. 그 혼란 속에서 할머니는 성큼성큼 경찰서 쪽으로 걸음을 옮겼단다.

그사이 찰스를 데리고 나와 마차에 태우려던 경찰들은 크게 당황했어. 아직 서늘한 봄인데도 주위는 공기마저 후끈해질 만큼 사람들로 가득했거든. 마차까지는 그리 멀지 않았지만 지나갈 틈조차 보이지 않았지. 그러자 방망이와 총을 찬 경찰 여러 명이 작은 원을 만들어 찰스를 둘러쌌어. 그러고는 걸음을 옮기며 조금씩 앞으로 나아가기 시작했단다. 겨우겨우 몇 걸음 움직였을 때였어. 허리가 굽은 흑인 할머니가 길을 막아선 거야. 가뜩이나 긴장과 짜증으로 신경이 곤두선 경찰 한 명이 거칠게 밀치며 소리쳤어.

"이봐, 거기! 어서 비켜!"

하지만 할머니는 아무 말도 못 들었다는 듯 움직이지 않았고, 건장한 경찰의 힘에도 꿈쩍하지 않았어. 당황한 경찰이 더욱 큰 소리로 말했어.

"잡혀가고 싶어? 어서 비키라고!"

그 말과 함께 경찰이 다시 손을 뻗는 순간, 할머니가 갑자기 손을 들어 어딘가를 가리키더니 큰 소리로 외치는 거야.

"저기, 저 사람을 잡아라!"

경찰들을 포함해 모두의 눈이 그 손길을 따라가자 할머니는 순식간에 굽은 허리를 세우고 찰스 주변의 경찰들을 쓰러뜨렸어. 그러고는 재빠르게 찰스의 손을 낚아채 자기가 쓰고 있던 여성용 모자를 찰스에게 씌웠지. 혼란 속에서 찰스는 순식간에 경찰들의 눈에서 사라지게 되었단다.

수많은 사람이 그 광경에 놀라고 감탄했어. 당황한 경찰들이 주위로 방망이를 마구 휘둘렀지만, 할머니는 온몸에 매질을 당하면서도 찰스를 놓치지 않았어. 이윽고 두 사람을 찾아낸 경찰들은 이제 총까지 쏘기 시작했어. 하지만 할머니는 그 모든 것을 헤치고 사람들이 터준 길을 빠르게 달려가 캐나다로 향하는 배에 찰스를 태웠단다. 단 한 순간도 그의 손을 놓지 않았고, 발걸음 또한 멈추지 않았지. 그가 배에 탄 뒤 할머니가 어떻게 도망쳤는지 아는 사람도 없었어. 아무에게도 말해 주지 않아서 누구도 그 길을 알아내지 못했거든.

이미 남부에서 노예를 탈출시키는 주동자로 유명해 현

상금이 걸린 이 사람은 마흔 살 정도 된 흑인 여성이었어. 하지만 주변 사람들조차 그 정체를 눈치채지 못했단다. 아는 사람들도 감쪽같이 속일 만큼 변장과 연기에 뛰어났고, 웬만한 남자보다 몸집이 크고 힘도 센 데다 빠르기까지 해서 그야말로 동에 번쩍 서에 번쩍했거든. 아마 많은 영웅 이야기에 등장하는 주인공과 같을 거야. 흑인 여성이라는 점만 빼면 말이지.

그 자신도 노예로 태어났지만, 어둡고 먼 길을 달려가 스스로 자유를 얻어 낸 이 사람은 '언더그라운드 레일로드(지하 철도)'라는 단체의 지도자가 되어 수백 명의 노예를 구했어. 흑인의 자유를 위해, 세상의 모든 차별에 맞서 싸우는 것이 자신의 소명이라 믿은 지도자 '해리엇 터브먼'이란다.

해리엇은 또한 남북전쟁에 참전한 최초의 여성 장군이자 최초의 흑인 장군이었어. 비록 공식적인 기록으로 남지 않았지만, 언제 어디서나 침착하고 대범했을 뿐만 아니라 위기를 헤쳐 가는 지혜까지 지녔던 해리엇은 '터브먼 장군'이라 불리며 북부 군인들의 영웅이 되었어. 수많은 일화로 사람들 입에 오르내리며 그 이름을 모르는 사람이 없을 정도였지.

그런데 이런 해리엇이 언제 태어났는지는 아무도 알지 못해. 그 자신도 정확히 모르기 때문이야. 당시 노예들은 사람이 아니라 말하는 재산으로 여겨졌어. 노예들의 삶은 늘 바쁘고 고단했기에 부모님도 그 날을 잊어버렸고, 재산의 생일을 기억하는 주인은 없었으니 어쩌면 당연한 일이었지. 해리엇은 노예로 태어났거든.

1820년 초반에 태어난 해리엇은 스스로 이름을 바꾸기 전까지, '아라민타 로스'라는 이름으로 살았어. 할아버지와 할머니는 아프리카에서 노예사냥으로 끌려온 사람들이었고, 그래서 부모님도 해리엇도 태어난 순간부터 노예가 되었어. 그것은 곧 사람이 아니란 말이었고, 그 삶도 자신의 것이 아니라는 뜻이었단다.

노예의 삶은 고되기만 했고, 어린이라고 다르지 않았어. 다섯 살이 된 해리엇도 하루 종일 아기를 돌봐야 할 정도였거든. 노예들은 죽도록 일하는 것은 물론 얻어맞는 일도 흔했기에 어린 해리엇도 아기가 깨서 울 때마다 매를 맞았어. 또 노예들은 갑자기 어디론가 팔려 가거나 멀리 떨어져 살며 일하기도 했는데, 그러다 병이 들어 되돌아오면 그대로 목숨을 잃기도 했지.

　10대 시절, 가족과 떨어져 살며 일하게 된 해리엇은 도망치는 노예를 잡으라는 주인의 명령을 따르지 않았다는 이유로 심하게 얻어맞았어. 웬만한 남자보다 크고 힘이 셌지만, 머리가 움푹 들어갈 만큼 심했던 상처는 큰 흉터와 함께 수면발작이라는 병으로 남게 되었지. 그리하여 집으로 돌아온 해리엇은 주인이 아무런 치료를 해 주지 않아 그저 누워만 있었어.

　그런데 죽을 듯이 아픈 중에 어머니가 들려주었던 성경의 환상을 보게 되었어. 글을 읽지 못하는 해리엇에게 어머니는 성경의 여러 이야기를 들려주곤 했어. 그중에 노예로 끌려간 이스라엘 사람들을 이끌었던 모세의 환상이 눈앞에 어른거리는 거야. 그것을 하나님의 계시라고 믿은 해리엇은 자기가 누구보다 빠르고 힘이 센 것도 그 날을 위해 받은 귀한 능력이라고 여겼어. 그리하여 자유를 향한 소망을 남몰래 키워 나갔단다.

　그런데 해리엇이 20대가 되었을 무렵, 뜻밖의 일이 일어났어. 세상을 떠난 주인이 해리엇의 가족에게 자유를 주겠다는 유언을 남긴 거야. 가장 먼저 아버지가 자유의 몸이

되었고, 그 뒤로 어머니 역시 노예의 삶에서 벗어나게 되었지.

하지만 해리엇 가족 모두에게 자유를 준다는 유서를 주인의 가족들은 인정하지 않았어. 당시 남부의 법은 노예에게 무척 불리했기에 그것을 바로잡는 일도 거의 불가능했지. 이윽고 남동생과 자신이 팔려 간다는 소문이 돌기 시작한 순간, 해리엇은 탈출을 결심했단다.

10대 시절 목격한 것처럼, 노예제를 폐지한 북부로 도망쳐 자유를 얻은 노예들은 늘 있었어. 물론 그들에게는 현상금이 걸렸고, 도망치다 잡히면 폭력이나 죽음 같은 대가를 치러야 했기에 대부분의 노예들은 자기 삶을 운명으로 받아들이고 있었지. 하지만 내 삶은 다른 누가 아닌 스스로가 결정하는 것이라고 생각했던 해리엇은 마침내 마음을 정했던 거야.

동생들과 탈출을 시도하다 실패한 적이 있었지만 이번에는 달랐어. 자유를 찾아가기로 마음을 굳힌 해리엇은 흑인 노예들의 탈출을 돕는 단체 언더그라운드 레일로드의 도움을 받으며 어둠 속으로 발을 내딛었단다. 떠나기 전 그는 어머니에게 암호와 같은 작별의 노래를 남겼어. '나는 약속의 땅으로 가요.' 도망치다 잡히면 죽음이 기다리고 있었지만, 해리엇은 그 위험 너머에 있는 자유를 향해 달리기 시작했어.

당시 해리엇이 탈출한 경로는 비밀이었기에 정확히 알려지지 않았지만, 아마도 다른 노예들이 오갔던 길을 간 것으로 추측하고 있어. 걸어서 간다면 짧게는 5일, 길게는 3주가 걸리는 머나먼 여정이었지. 홀로 가야 하는 길이 멀기만 했지만 해리엇은 마침내 약속의 땅에 닿았어.

그곳은 북부의 필라델피아주였어. 훗날 "모든 것이 찬란하여 천국에 도착한 것 같았다"라고 말했을 만큼 자유의 도시는 공기마저 다른 것 같았어. 그저 지도의 경계선을 넘었을 뿐이었지만, '말하는 재산'은 자유를 가진 사람이 되어 있었지. 해리엇은 자신의 두 손을 바라보았어. 이제 자유를 얻었지만, 정작 자신은 달라진 게 없다는 사실을 깨달았어. 남부에서도 북부에서도 나는 그저 나임에도, 어느 곳에 서 있느냐에 따라 다른 처지가 되는 거야. 그리하여 노예의 삶은 운명이 아니라 잘못된 일이라고 확신하게 되었단다.

이제 '해리엇'이란 새 이름을 얻은 그는 호텔 청소부로 일하기 시작했어. 고된 노동은 남부에 있을 때와 크게 다르지 않았지만, 자유가 있었기에 자기 이름으로 돈을 벌고 모을 수도 있었지. 그것이 차곡차곡 쌓여 가던 어느 날, 가슴속에서 조용한 외침이 들려오기 시작했어.

'이 자유를 나만 누려서는 안 된다.'

고작 지도의 선 하나를 넘었을 뿐이건만 그 삶은 하늘과 땅만큼 달랐어. 해리엇은 마침내 아직 그 안에 머물고 있는 사람들을 데려오기로 마음먹었어. 오래전 자기 민족을 구해 낸 모세처럼, 두려움에 발을 떼지 못하는 사람들을 직접 이끌겠다고 말이야. 그리하여 언더그라운드 레일로드에 몸담으며 수많은 노예를 자유의 땅으로 데려왔단다. 찰스 낼리처럼, 그의 손을 잡고 어둠을 헤쳐 온 노예는 무려 300명이 넘을 정도였지.

언제 어디서 누구에게 들킬지 모르는 위험한 상황이었지만, 탈출에 실패한 사람은 단 한 명도 없었어. 언더그라운드 레일로드는 비밀을 감추기 위해 각종 별명이 쓰이곤 했어. 탈출을 이끄는 사람은 '차장', 그를 따라 탈출하는 노예는 '손님'이라고 하는 것처럼 말이야. 해리엇은 손님을 한 번도 놓친 적이 없었다고 스스로 자부했을 만큼 뛰어난 지도자였단다.

 도망친 노예들을 때로는 캐나다까지 안내했던 해리엇은 일자리를 찾아 주며 정착할 때까지 도움을 주었어. 노예의 삶에서 벗어나는 것을 돕는 데서 더 나아가 새 삶에 적응할 수 있도록 마지막까지 최선을 다했던 거야. 손님의 안전을 끝까지 책임지는, 그야말로 최고의 차장이었지.

 해리엇의 달리기는 거기서 끝이 아니었어. 노예해방을 내세우며 일어난 남북전쟁에서 흑인들의 자유를 위해 함께 싸운 거야. '터브먼 장군'이라고 불리며 북부의 군대에 큰 힘이 되었지만, 전쟁이 끝난 뒤 그 삶은 크게 달라지지 않았어. 뿌리 깊게 자리한 차별이 전쟁으로는 사라지지 않았거든. 그리하여 약속했던 급여와 연금조차 받지 못한 해리엇은 오랫동안 가난하게 살았어. 큰 공을 세운 사람도 그랬으니 수많은 다른 흑인은 더욱 그러했지. 그럼에도 그는 슬퍼하거나 좌절하지 않았단다.

 자신에게 일어나는 모든 일을 신의 뜻이라고 받아들였지만, 그것은 자포자기나 수동적인 태도와는 달랐어. 모두가 평등한 세상을 꿈꾸면서도 먼 미래를 상상하는 대신 그것을 이루기 위해 지금 당장 무엇을 해야 하는지 고민했고, 그것을 실천하기 위해 노력했던 거야. 그는 눈앞의 현실을 마주하고 스스로 선택하며 자신의 삶을 살아가기를 결코 멈추지 않았지.

그런 해리엇은 전쟁이 끝난 뒤에는 평생 모은 돈을 들여 '해리엇의 집'을 세웠어. 그곳은 여전히 가난했던 흑인들이 직업을 얻고 안정적으로 살아갈 수 있도록 도왔을 뿐만 아니라, 전쟁에서 함께 싸웠던 군인들과 전쟁으로 가족을 잃은 여성과 어린이 들에게도 힘이 되었어. 살아가는 동안 멈추지 않고 달렸던 그는 할머니가 되어서는 죽기 전까지 여성이 정치에 참여할 권리를 위해 함께 싸웠단다.

이처럼 평생 자유와 평등을 위해 달리면서도 그는 작은 행복과 기쁨을 소중히 여겼어. 사랑하는 사람들을 소중히 했고, 가진 것을 다른 이들과 함께 나누며 살았기에 우울과 절망의 늪에 빠지지 않을 수 있었어.

채은아, 세상에 자유와 평등을 외친 사람들은 늘 있었단다. 그 하나하나의 목소리가 모여 세상을 바꾸는 커다란 흐름으로 이어지곤 했지. 그런데 그 커다란 흐름만큼이나 중요한 일이 있어. 바로 내 삶에서 실천하는 일이야. 아무리 훌륭한 생각과 말이라도 그것이 자신의 삶과 다르다면 아무 소용이 없기 때문이지. 그리하여 세상을 바꾸는 것과 내 삶을 변화시키는 것은 모두 똑같이 중요하고 또 어려운 일이라고 할 수 있을 거야.

어느 시대고 멋지고 좋은 생각을 말했던 사람이 말과 다른 삶을 살며 거짓말쟁이가 되는 일은 있었어. 하지만 힘든 삶에서도 자신의 소중함을 깨달았던 해리엇은 자유를 위해 직접 싸우며 스스로를 구해 냈어. 흔들림 없는 용기와 의지는 바로 자기 안의 강인한 마음에서 시작되었단다. 그런 힘으로 멈추지 않고 달렸던 해리엇은 고통받는 다른 이들까지 자유의 길로 이끌었지. 스스로를 해방시킨 그는 모든 사람은 자유로울 권리가 있다는 진실에 눈뜨며 다른 사람들과 힘을 모아 함께 싸웠던 거야.

이 자유를 나만 누려서는 안 된다며 다른 이에게 손을 내밀었던 해리엇 터브먼. 달빛에만 의지해 달려가는 어두운 밤에도 놓친 사람은 단 한 명도 없었던 믿음직스러운 그의 손은 우리가 나아가야 할 방향을 일러 주고 있단다. 모두가 자유롭고 평등한 세상을 향하여.

욘 라베
생명 위에 설 동맹은 없다

1937년 12월, 일본과의 전쟁으로 중국은 나라 전체가 쑥대밭으로 변하고 있었어. 상하이를 쳐들어간 일본군은 거침없이 난징으로 밀려오는 중이었지. 폭격까지 시작되자 죽음이 코앞까지 다가왔고, 공포에 휩싸인 사람들로 도시는 순식간에 아수라장이 되었어. 그런데 모두 부랴부랴 난징을 떠나는 중에도, 서양인 대부분이 고국으로 출발한 뒤에도 그곳에 남기로 한 사람들이 있었어. 그들은 난징대학교와 대사관에 피난처를 만들었지. 울타리도, 벽도, 심지어 선 하나도 그어지지 않은 그곳이 많은 사람의 목숨을 구해 내고 있었어.

하지만 일본군은 마침내 난징까지 쳐들어왔어. 수많은 탱크와 총칼이 도시를 뒤덮은 바로 그때, 일본군을 막아선 한 남자가 있었어. 하얀 얼굴에 푸른 눈동자, 그는 독일인이었단다.

"나는 독일인이고, 나치당 당원이오! 무자비한 살인과 폭력을 멈추고 더는 다가오지 마시오!"

자신들을 막아선 독일 남자 때문에 일본군은 당황했어. 그전까지 미지근한 관계였던 일본과 독일은 바로 전해에 동맹을 맺었기 때문이야. 힘을 합쳐 전쟁을 일으키고 세계를 나눠 갖자는 무시무시한 목표로 말이지. 다른 나라였다면 일본군이 무시했겠지만 동맹국의 사람이니 그럴 수는 없었어.

일본군은 잠시 고민에 빠졌지만 그 시간이 길지는 않았어. 고작 한 사람이 군대를 막는다는 건 사실 불가능한 일이었거든. 게다가 전쟁터에서는 한 사람이 죽고 사라지는 일이 흔하기도 했어. 그리하여 잠시 멈추었던 일본군은 코웃음을 치고 다시 폭탄을 퍼부으며 난징 시내로 쳐들어왔어. 그럼에도 남자가 군대에 맞서 시간을 버는 동안 수많은 사람이 피난을 떠나며 목숨을 구할 수 있었단다.

일본에 맞서 수많은 중국인을 구한 독일 사람. 나치당 당원이었지만, 독일의 동맹이었던 일본을 꿋꿋하게 가로막으며 마침내 전쟁의 잔인함과 무자비한 현실을 마주했던 이 남자가 '욘 라베'야.

조선을 침략한 일본은 세계를 손아귀에 넣겠다는 야심으로 대규모 전쟁을 일으키고 중국에 쳐들어갔어. 오직 승리만을 바라보며 가는 길에 무서울 건 없었지. 생명도, 사람도, 그 삶에 대해서도 생각하지 않는 그들은 마치 싸우는 기계와 같았거든. 일본이 중국에서 전쟁을 벌이고 얼마 뒤 유럽에서 제2차 세계대전이 일어났을 때 독일군의 모습도 그와 비슷했어. 처음에 그들이 지는 일 없이 그저 승리하며 나아갔던 것도 그런 이유일지 몰라. 모든 걸 파괴하는 것만 생각하는 사람들을 물리치는 건 결코 쉬운 일이 아니니 말이야.

한편 일본군은 상하이를 쑥대밭으로 만든 뒤에도 멈추지 않았어. 그리하여 난징은 다음 목표가 되었지. 정부 사이에 협상이 이뤄지고 있었지만, 이미 승리에 취해 세계를 점령할 일만 생각하던 일본은 전혀 그럴 마음이 없었거든. 그리하여 난징을 지키려는 사람들은 무자비한 폭력 아래 스러져 갔단다.

당시 함께 머물렀던 외국인 기자가 '그곳엔 오직 죽은 사람과 죽어 가는 사람밖에 없었다'고 기억할 정도로, 수많은 사람이 일본군의 총칼에 세상을 떠나고 말았어. 정확한 숫자를 알기 힘들 정도로 사방에서 희생자가 생겨나고 있었지. 이 사건이 '난징 학살'이야. 일본 우익 세력은 조선에서 일어난 학살처럼 난징 학살도 부정하고 있지만, 숨기기에는 너무나 큰 희생이 있었어. 당시 난징은 그야말로 지옥과 같았어. 그런 현실에서 윤은 밀려드는 군대를 소리

치며 맨몸으로 막아서고 일본군과 협상하여 피난처를 만들고, 나중에는 자기 집까지 내주며 사람들을 보호하기 위해 노력했던 거야. 떠나면 그만인 독일 사람이었음에도 말이지. 그 노력이 얼마나 필사적이었는지, 사방 여기저기에서 죽음이 끊이지 않자 그는 독일에서 가져온 거대한 나치 깃발을 펼쳐 그 아래로 사람들을 대피시켰어. 그 순간 머릿속을 스쳐 가는 생각이 있었단다.

욘은 급히 펜을 들고 히틀러에게 편지를 써 내려갔어. 자신은 난징에서 일하는 기업가이며, 나치당 당원이자 열렬한 히틀러 지지자라고, 지금 일본군이 잔인한 살육을 벌이고 있으니 부디 이 참상을 직접 끝내 달라고 말이야. 지금은 일본과 동맹이 되었지만, 독일은 그 바로 직전까지 중국과 좋은 관계를 맺고 있었어. 그렇기에 사람으로서 하기 힘든 일본군의 만행을 히틀러가 막아 줄 것이라고 욘은 굳게 믿었어. 그야말로 인간적인 기대였지.

하지만 역사가 말해 주듯 히틀러는 전쟁으로 세상을 정복하려 했던 욕심 많은 정치인이자 군인이었어. 저 멀리 중국에서 독일을 그리워하며 욘이 열심히 일하는 동안, 히틀러는 군대를 모으고 전쟁을 준비하고 있었다는 사실을 전혀 눈치채지 못했던 거야.

　사실 히틀러가 처음부터 그런 모습을 보이지는 않았어. 뒤에 소개할 오스카 쉰들러 역시 나치당에 가입한 당원으로 히틀러를 지지한 사람이었어. 훗날 나치에 대항하며 히틀러를 암살하려던 많은 이들도 한때는 그랬단다. 전쟁으로 폐허가 된 독일에 처음 모습을 드러냈을 때, 히틀러는 사람들을 휘어잡는 카리스마와 추진력을 갖춘 유능한 정치인처럼 보였거든. 1936년 베를린 올림픽을 성공적으로 치러 냈고, 넓은 도로를 건설하며 경제에 활기를 불어넣을 뿐만 아니라, 다양한 복지 정책을 펼치며 남녀노소 할 것 없이 독일 국민의 큰 지지를 받게 되었지. 많은 이들이 히틀러를 독일을 구해 낼 영웅이라고 굳게 믿고 있었어.

　욘도 마찬가지였기에 히틀러가 이런 일을 용납하지 않을 것이라고 기대했어. 그래서 일본군과 일본 대사에게도 항의하는 편지를 잇따라 보냈단다. 사람으로서 지켜야 할 최소한의 양심과 도리가 있다고 생각했기 때문이지.

　하지만 히틀러는 물론 그 누구도 답을 주지 않았어. 크게 실망한 욘은 꼬박꼬박 일기를 쓰며 그 모든 참상을 기록으로 남겼고, 사진을 찍고 자료들을 수집하는 등 난징 학살의 증거를 모으기 시작했어. 그러고는 이듬해 독일에 돌아가 그동안 모은 자료들을 사람들에게 보여 주며 일본군의 잔인하고 악독한 범죄 행위를 세상에 알렸어. 독일과 일본은 동맹을 맺고 함께 전쟁을 일으켰지만, 욘은 그 어떤 약속도 생명 위에 설 수 없다고 생각했어. 설령 그것이 자신의 나라인 독일이라도 말이야. 하지만 그 일로 비밀경찰에 체포되고 말았단다.

일기를 비롯해 어렵게 모은 자료들은 모두 압수당했고, 난징에 대해 이야기하는 것도, 글을 쓰는 것도 금지되었어. 그 과정에서 욘은 히틀러가 자신이 한 일에 대해 알고 있으면서도 아무런 도움을 주지 않았다는 것을 알게 되었어. 자신의 영웅이 사실은 영웅이 아니었다는 진실을 깨달았을 그의 마음은 어땠을까.

욘은 회사가 신원을 보증한 뒤에야 겨우 풀려날 수 있었어. 하지만 시련은 거기서 끝이 아니었어. 제2차 세계대전에서 독일은 패배했고, 엄청난 전쟁을 일으킨 대가를 치르는 중이었거든. 그 과정에서 욘은 나치당의 당원이었다는 사실 때문에 다시 체포되었지. 모든 기록을 오래전에 압수당했기에 난징에서 수많은 사람을 살렸다는 증거는 어디에도 남아 있지 않았어.

그 뒤로도 나치당 당원 경력 때문에 일자리를 구할 수 없었고, 전쟁 중 범죄에 가담하지 않았다는 사실을 증명하느라 평생 모은 재산을 모두 써야만 했어. 얼마나 궁핍했는지 식구들이 먹고살 수도 없을 정도였지. 노력 끝에 억울한 죄명은 모두 벗겨졌지만 생활은 달라지지 않았어.

그런데 욘의 소식을 들은 난징 사람들은 저마다 돈을 내놓으며 모금 운동을 벌이기 시작했어. 그렇게 모인 돈은 지금으로 따지면 약 2,000만 원 정도였어. 전쟁이 끝난 뒤 다시 내전으로 혼란스러웠던 상황을 생각하면 정말 큰돈이었지.

떠나면 그만인 외국인이었던 욘이 수많은 사람을 살렸다는 사실을 난징 사람들은 잊지 않았어. 그렇게 모인 돈과 먹을거리를 난징 시장이 직접 독일로 찾아와 욘에게 전했단다. 그 정성이 무엇보다 큰 위로가 되지 않았을까?

어렵고 힘든 삶 속에서 몸이 쇠약해진 욘은 난징 사람들의 정성을 받은 이듬해 심장마비로 세상을 떠났어. 부디 눈감는 순간에 그의 마음이 평화로웠길, 엄마는 뒤늦게 바라고 있단다.

채은아, 욘 라베는 완벽한 사람은 아니었어. 당시 유럽의 백인들 대부분이 그랬듯 동양인을 무시했고, 히틀러를 훌륭한 영웅이라 착각하기도 했지. 얼마나 열성적으로 응원했는지, 중국의 공장에서 일하던 사람들에게 히틀러식 인사를 강요했을 정도였거든.

그럼에도 욘은 어떤 약속도 생명을 짓밟아서는 안 된다고 믿었어. 조국에 대한 사랑이든, 부강한 나라에 대한 열망이든, 그 어떤 이유로도 사람을 이렇게 대해서는 안 된다고 생각했단다. 절실한 요청이 무시당하고, 일본군이 조롱할 때에도 그 생각을 버리지 않았어. 아니, 그런 현실에서도 오히려 굳게 지켜 나갔지. 사람이 해야 할 일과 하지 말아야 할 일이 있다는 간단한 사실조차 지켜지지 않던 전쟁 중에도 스스로 생각하길 멈추지 않았던 거야.

어느 시대나 세상을 구하겠다고 나서는 영웅들은 있었어. 때로는 그들에게 정말로 큰 힘이 생기기도 했지. 하지만 역사를 살펴보면 그런 사람들이 오히려 위험과 고통을 만들기도 했단다. 곰곰이 생각해 보면, 수많은 사람이 모인 세상을 단 한 사람이 구한다는 것은 불가능한 일이지. 세상은 생각보다 크고 복잡한 곳이니 말이야.

그런데 또 살다 보면 때로는 달콤한 거짓말을 아무 생각없이 믿고 싶을 때가 누구에게나 생기곤 하지. 강력한 독일과 게르만족의 세상을 만들겠다던 히틀러의 무서운 거짓말을 독일 국민이 굳게 믿고 지지했던 것처럼.

히틀러뿐만이 아니야. 아주 옛날부터 사람들은 강하고 부유한 나라를 꿈꾸며 전쟁을 치렀고, 그 일을 위해 때로는 서로 힘을 모으기도 했어. 그 과정에는 늘 누군가의 피와 죽음, 고통이 뒤따랐단다. 그들이 꿈꾸었던 강하고 부유한 나라는 결국 피와 죽음으로 이뤄진 무섭고 잔인한 세상이었던 거야. 스스로 생각하며 진실을 마주하는 건 쉬운 일은 아니란다. 그것은 용기가 필요하기 때문이야. 그럼에도 역사에는 늘 생각하길 멈추지 않고 용기를 낸 사람들이 있었어. 완벽한 사람은 아니지만, 옳고 그름을 가릴 줄 알았던 보통 사람들 말이야.

그리하여 역사는 기록에 남은 사람들과 기록되지 않은 수많은 이의 힘이 함께하며 움직이는 것이라 할 수 있어. 우리에게 잘 알려지지는 않았지만, 잘못된 길을 가는 세상을 막기 위해 애썼던 수많은 이가 지금도 역사에 숨어 있단다. 그 어떤 약속도 생명 위에 설 수 없다며, 죽어 가는 이들을 구하기 위해 모든 것을 바친 욘 라베처럼.

후세 다쓰지

민중과 함께 살고, 민중을 위해 죽으리

1919년, 일본 도쿄의 어느 법정에서는 재판이 한창이었어. 고발된 사람은 최팔용과 백관수를 비롯한 조선인 유학생 여러 명이었고, 그들이 고발된 건 이번이 두 번째였지.

미국 대통령 우드로 윌슨이 "모든 나라는 다른 나라의 간섭을 받지 않을 권리가 있다"라며 '민족자결주의'를 선언하자, 일본에서 공부하던 많은 조선인 유학생들은 하나같이 자신들의 나라를 떠올렸어. 일본의 식민지가 되어 짓밟힌 조선을 말이야. 그리하여 서로 다른 대학에서 공부하던 이들은 윌슨의 말을 근거로 조선의 독립을 선언하자고 뜻을 모았단다.

마침내 약속했던 2월 8일 아침이 되었어. 여러 나라의 대사관과 일본 국회의원, 조선총독부와 일본의 신문사로 하나둘 독립선언서가 도착했어. 그리고 오후 2시가 되자 한 강당에서 백관수가 큰 소리로 독립선언서를 읽었어. 바로 그때, 일본 경찰이 들이닥쳐 그의 낭독도 그대로 끝이 나고 말았어. 학생들은 강제로 흩어졌고, 60여 명은 경찰서에 끌려갔으며, 최팔용과 백관수를 포함한 8명이 주모자로 고발되었지. 이 일이 바로 3·1운동의 중요한 출발점이 된 '2·8독립선언'이란다.

처음에 내란죄로 고발된 학생들은 변호사들의 적극적인 변호로 무죄를 받았어. 그러자 검사는 불온한 내용의 글을 실었다며 출판법을 어긴 죄로 다시 고발했고, 바로 그 재판이 진행되고 있었던 거야. 같은 사람들을 두 번 고발한 게 머쓱할 것 같지만 검사는 오히려 의기양양했고, 이번에야말로 감옥에 집어넣을 수 있으리라 생각했어. 조선은 일본의 식민지였으니, 적당한 죄목만 찾으면 죄를 애써 증명할 필요도 없었지. 일본의 법은 식민지 백성의 편이 절대 아니었기 때문이야.

그런 생각을 하며 검사가 속으로 웃던 그때, 조선인 유학생 편에 선 변호사의 목소리가 재판장에 울려 퍼졌어.

"저 멀리 유럽의 체코슬로바키아가 독립을 위해 싸울 때, 일본은 그것을 돕는다며 군대를 보냈습니다. 그런데 어찌하여 바로 옆 나라 조선의 독립운동은 돕지 않는 것입니까? 체코슬로바키아의 독립운동이 정당한 일이라면, 조선의 독립운동 또한 마찬가지 아닙니까?"

변호사의 말에 검사가 입을 다물지 못했고, 판사를 비롯해 다른 일본 사람들도 마찬가지였어. 재판장은 한순간 얼음장처럼 얼어붙었다가 이내 활활 타오르는 불길처럼 흥분의 도가니가 되었단다. 그도 그럴 것이, 조선의 독립운동이 정당한 권리라고 말한 변호사는 일본 사람이었거든. 당시 천년만년 영원할 것처럼 기세등등한 일본의 법정에서 그런 말을 했던, 거의 유일한 일본 사람이었지.

흥분한 판사는 그 말을 무시하고 조선인 유학생들에게 몇 개월의 징역형을 선고했어. 하지만 변호사를 원망한 조선 사람은 아무도 없었어. 재판에서 졌다고 생각한 사람도 없었단다. 오히려 '조선의 독립운동은 정당한 일'이라는 일본인 변호사의 말은 조선 사람들의 가슴에 깊게 새겨졌어. 그 뒤로 독립운동가를 비롯한 수많은 조선 사람이 법적인 도움을 얻기 위해 그 변호사를 찾았고, 그는 기꺼이 그 일을 맡았단다. 어느 때고 쉽게 경험하기 힘든 믿음이 탄생하는 순간이었지.

몇 마디 말로 법정의 일본 사람들을 분노시키고 조선 사람들을 환호하게 만든 사람. 조선을 침략하고 아시아를 식민지로 만든 일본의 국민이면서도 그 앞날을 늘 걱정했던 이 남자는 대한민국 독립유공자로 인정받은 일본인 두 사람 중 한 명이 되었어. 인권변호사로 한 시대를 밝혔지만, 우리에게 낯선 이름 '후세 다쓰지'야.

공자와 맹자에 대해 들어 본 적 있니? 그들보다 유명하지는 않지만, 비슷한 시대에 활동했던 '묵자'라는 사람이 있어. 다쓰지는 '나를 사랑하듯 다른 사람을 사랑하라'는 묵자의 겸애 사상을 평생 간직했어. 훗날 기독교와 예수에 관심을 갖기도 한 것처럼, 성경에서 말하는 사랑과도 비슷한 면이 있다고 할 수 있지.

다만 묵자나 예수와 달리 다쓰지는 식민지를 지배하는 나라의 국민이었고, 법조인으로 많이 배운 사람이었고, 사회적 지위도 높았지. 그럼에도 그는 평생 차별과 불평등에 맞서며 평등을 실현하기 위해 노력했단다. 다쓰지는 조선 사람들이 불쌍하거나 안타까워서 돕는 게 아니었어. 조선도, 조선 사람들도 일본에 정당한 권리를 침해받고 있다고 생각한 거야. 그리하여 전쟁으로 다른 나라를 침략하고 지배하는 일본을 강하게 비판했단다.

변호사가 되기 전 검사였던 다쓰지는 4개월 만에 일을 그만두었어. 밥 먹기도 힘들 정도로 가난했던 어느 모녀가 함께 목숨을 끊었는데, 어머니만 살아나자 살인죄로 감옥에 간 사건을 잊을 수 없었거든. 이 판결이 정말 옳았는지 그는 확신할 수 없었어. '그토록 가난하지 않았다면 그런 일이 생겼을까?' 하는 질문이 마음속 깊은 곳에서 계속 들려왔지. 그 어머니가 살인죄로 벌을 받는 것이 진정 옳은 일이냐고 말이야.

무언가를 잘못했을 때 가슴이 따끔거리거나 마음이 불편한 적 있지 않니? 그건 양심이 우리에게 그것이 정말 옳은 말과 행동이었는지 묻고 있기 때문이야. 사람은 모두 옳고 그른 것을 가리는 마음씨, 즉 양심을 갖고 태어난단다. 그리고 사는 동안 양심은 우리에게 계속 말을 걸어.

내가 잘못한 게 없는지 생각하는 건 사실 괴로운 일이기도 해. 그런데 그 소리를 모른 척하기 시작하면 나중에는 정말 아무 소리도 들을 수 없게 되지. 겉으로는 보이지 않아도 시간이 지나며 양심의 소리를 들을 수 있는 사람과 없는 사람으로 나뉘게 되는 거야. 다쓰지는 평생 그 양심의 소리에 귀 기울인 사람이었어.

그리하여 법이 보통 사람들의 삶을 이해하지 못한다고 생각한 다쓰지는 사람들을 고발하는 검사가 아니라 그들의 편에 서는 변호사가 되기로 마음먹었어. 그리고 수많은 재판에서 이기며 그 이름이 널리 알려졌지. 그야말로 성공한 변호사가 된 그는 1912년, 한 감옥에서 변호사를 얻지 못할 정도로 가난한 사람들을 만나며 인생의 큰 변화를 맞이했단다. 불평등한 현실에 눈을 뜨고 묵자의 겸애사상을 되새기며 인권변호사의 길을 걷게 된 거야. 그리고 사회의 약자들을 위해 애쓰는 동안 점차 조선 사람들의 삶이 눈에 들어왔어.

어린 시절 다양한 학문을 접하며 중국과 조선에 관심을 가졌던 다쓰지는 대학 시절에도 식민지인 조선 및 대만 사람들과 스스럼없이 어울리곤 했어. 또한 몇 년 전에는 조선의 독립운동에 경의를 표한다는 글을 써서 경찰 조사를 받기도 했을 정도로, 조선을 식민지가 아닌 이웃 나라로 바라보고 있었어.

그러던 1919년 2월, '2·8독립선언'으로 고발된 조선인 유학생들이 그를 찾아왔어. 자기도 모르는 사이에 변호사가 정해지고 유죄를 선고받으며 가짜 재판이 진행되자 대책을 의논하기 위해서였지. 이 재판에서 직접 변호를 맡고 조선 독립운동의 정당성을 주장하며 수많은 일본 사람을 경악하게 만든 다쓰지는 그 뒤에도 줄곧 일본에 맞서 싸웠단다. 일본의 조선 사람뿐만 아니라 조선에 살던 사람들까지 찾았을 만큼, 인권변호사의 삶은 조선과 함께했다고 할 수 있을 정도야.

조선 사람들을 위해 일하던 일본인 변호사는 다쓰지만이 아니었지만, 조선의 독립운동을 정당한 권리라고 주장한 사람은 다쓰지뿐이었어. 그는 식민지 조선을 동정한 것이 아니라 부당하게 자유와 권리를 빼앗긴 것이라며 함께 분노했던 거야. 그가 살던 때에는 보기 힘들 만큼 다쓰지는 자유와 평등에 대한 남다른 정신을 갖고 있었어. 변호사로 일하며 여러 사회운동에 참여했던 것도 그런 이유였고, 직접 펴낸 책과 잡지에 썼던 글에는 이런 생각이 잘 드러나 있단다.

다쓰지는 자신의 글에서 "조선의 문제는 단지 조선의 것이 아니라 세계 평화와 이어진다"라고 밝혔어. 일본이 조선을 강제로 침략한 순간 세상의 평등이 깨졌고, 이것이 결국 전 세계를 위협할 것이며 일본 또한 그것을 벗어날 수 없을 것이라고 주장했지. 당시 일본은 많은 식민지를 지배하게 되었지만, 그는 자신의 나라가 잘못된 길을 가고 있다며 걱정했던 거야.

이렇듯 일본이 깨뜨린 평등과 평화를 되살리기 위해 노력하며 조선 사람들을 변호하던 다쓰지는 어느덧 조선의

삶과 현실에 더욱 깊숙이 발을 들이게 되었어. 조선을 여러 번 방문하며 일본이 무리하게 쌀을 거둬 가고 땅까지 빼앗는 것을 알게 된 뒤에는 조선의 농민들과 힘을 모아 일본 정부를 상대로 소송을 걸며 함께 싸웠고, 도시에서 일하는 많은 노동자의 변호에도 힘을 보탰단다.

그러던 1923년, 간토대지진이 일어났어. 역사에 남을 정도로 크고 엄청났던 지진은 어마어마한 피해를 남겼어. 수많은 이가 희생되고 모든 것이 파괴되자 사람들의 분노는 만만한 약자에게로 향했어. 그리하여 당시 일본 사회의 약자 중에도 가장 차별받았던 조선 사람들의 피해는 무척 심각했어. 어마어마한 수의 조선 사람들이 억울하게 죽임을 당했지만, 일본 정부와 경찰은 제대로 조사도 하지 않았고 사건을 숨기기까지 한 거야.

이에 조선인 유학생들은 진상을 밝힐 조사단을 꾸렸고, 다쓰지는 그 책임자 자리를 맡아 일본 정부의 주장을 하나하나 반박했어. 그러면서 그들의 거짓말들을 세상에 알렸을 뿐만 아니라 피해 보상과 함께 같은 일이 일어나지 않도록 대책을 요구했지. 또한 억울하게 세상을 떠난 사람들을 추도하는 자리에서도 일본을 강하게 비판하며, 그 잘못을 진심으로 반성하고 책임져야 한다고 목소리를 높였단다. 그런 뒤에는 일본 사람으로서 사과한다는 글을 조선의 신문사에 직접 보내기도 했어.

일제강점기 조선 사람들에게 일어난 사건들은 우리에게 언제나 큰 분노와 슬픔을 불러일으켜. 그런데 만약 우리가 다쓰지의 입장이었다면 어떻게 했을까 생각해 보는 것도 아주 중요한 일일 거야. 차별받는 소수가 아니라 차별하는 다수에 속해 있을 때, 우리는 과연 어떻게 행동해야 할까? 그럴 때에도 양심의 소리를 듣기 위해서는 어떻게 해야 할까? 다쓰지의 삶은 금방 대답하기 쉽지 않은 질문에 본보기가 되고 있어. 오랜 시간이 지났지만 지금도 여전히 말이야.

자유와 평등을 향한 다쓰지의 노력은 조선이 해방된 뒤에도 변하지 않았어. 1945년 8월 15일, 그는 수많은 사람과 얼싸안으며 진심으로 기뻐했지. 하지만 오랜 식민지 지배가 남긴 상처는 쉽게 아물 수 없었어. 그것은 조선 땅뿐만 아니라 일본에 살던 조선 사람들에게도 마찬가지였어. 고국으로 돌아간 사람들도 있었지만, 수많은 이가 여전히 그곳에 남아 있었어. 일본 정부가 애당초 돌아갈 배를 준

비하지도 않은 데다 가난하게 살던 사람들에게는 여비조차 없었기 때문이야. 해방 뒤 조선의 상황은 혼란스러웠지만, 일본에 남은 조선 사람들의 처지는 더욱 비참하기만 했어.

그리하여 다쓰지를 찾는 조선 사람들은 해방 뒤에도 끊이지 않았단다. 그러던 1948년, 일본의 한 지방 법원에 주세법을 어긴 죄목으로 조선인들이 붙잡혀 왔어. 몰래 술을 만들어 팔았다며 무장 경찰이 조선인 마을을 습격한 거야.

그때는 일본에서나 조선에서나 시골에서는 집에서 술을 빚어 마시곤 했어. 그러니 직접 술을 만든 게 아주 특별한 일은 아니었지. 더구나 재료와 도구를 제공한 것도, 그 술을 사서 마신 것도 모두 일본 사람이었어. 그런데도 무장 경찰이 마을까지 습격하며 조선 사람들만 체포한 건 명백한 차별이라고 다쓰지는 강하게 주장했어.

특히 조선을 침략하여 가난에 빠뜨린 것도 모자라 조선 사람을 강제로 잡아온 건 일본이라고 목소리를 높였지. 이들이 고향에 돌아가지도 못한 것도, 법을 어기면서까지 술을 만들어 팔 정도로 가난한 것도, 살아갈 방법을 찾지 못한 것도 모두 일본의 책임이라고 말이야. 또한 그 술을 마시는 사람들 역시 힘들게 일하면서도 적은 돈을 받는 일본의 가난한 노동자들이라며, 이 사건은 모두 무책임하고 무능력한 일본 정부의 잘못이라고 통렬하게 비판했단다. 거기서 그치지 않은 그는 경찰을 증인으로 세우고, 죄를 분명히 가리기도 전에 조선 사람들을 폭력배 취급하며 무기까지 들고 마을에 쳐들어간 일을 더욱 엄하게 추궁했어.

일본이 지은 죄를 씻기 위해 진심으로 사죄하고, 조선 사람들을 위해 나선 일본 사람들은 예나 지금이나 없지 않았어. 그중 다쓰지는 제 나라의 정부와 법이라는 가장 거대하고 강력한 존재와 홀로 맞서 싸웠던 거야. "살아야 한다면 민중과 함께, 죽어야 한다면 민중을 위해"라는 말을 가슴에 새겼던 그에게 민중이란 나라에 상관없이 차별받는 모든 이였지.

그리하여 조선의 독립운동을 정당한 권리라 믿으며 조선 사람들을 변호했고, 일본의 가난한 노동자들을 위해 싸웠어. 또한 모든 사람이 정치에 참여할 권리를 위해 목소리를 높였던 그는 여성과 식민지 사람들에게도 투표할 권리를 줘야 한다고 주장했어. 평생 자기 양심의 소리에 귀 기울였던 다쓰지는 지금 봐도 놀라울 정도로 평등을 외치며 시대를 앞서갔단다.

이처럼 누구보다 조선의 평화를 위해 노력했던 다쓰지는 2004년 일본인으로는 유일하게 대한민국 건국훈장을 받았어. 그리고 2018년, 그가 변호했던 일본인 여성 독립운동가 가네코 후미코도 같은 훈장을 받으며 두 사람은 대한민국 역사에 함께 이름을 올리게 되었지.

채은아, 한 나라의 맨얼굴을 보려면 그 사회의 가장 낮은 곳에 있는 존재들을 보라는 말이 있어. 사회의 약자들을 대하는 태도로 그 나라의 진짜 모습을 확인할 수 있다는 거야. 그런 면에서 당시 일본은 잔인하기 그지없었단다. 그럼에도 진흙 속에서 연꽃이 피어나듯 엄청난 폭력에 맞선 다쓰지 같은 사람이 있었던 건 참 다행한 일이지.

나라가 차별과 폭력의 길을 걸어가며, 그것을 나에게 강요할 때 우리는 어떻게 해야 할까? 내게 불편한 것은 없지만, 차별받는 사람들의 외침에 우리는 무엇을 고민해야 할까? 긴 역사가 흘러오는 동안 시간과 장소에 상관없이 많은 사람이 그런 질문으로 고민에 빠지곤 했어.

그 대답을 찾는 일도, 그것을 행동에 옮기는 일도 쉽지만은 않아. 그런데 어쩌면 중요한 것은 그 답을 찾기 위해 고민하고, 그것을 실천하기 위해 노력하는 시간 자체일지도 몰라. 우리의 질문에 이미 답이 숨어 있는 것이지. 평생 양심의 소리에 귀 기울이며 평화를 위한 길을 묵묵히 걸어간 다쓰지처럼 말이야.

그는 이미 오래전에 세상을 떠났지만 그 삶과 함께한 질문은 지금도, 앞으로 네가 살아갈 세상에서도 대답을 기다리고 있을 거야.

사람은 어떻게 살아야 하는가?

"정권 연장 반대한다!"

"군사독재 물리치자!"

"민주주의 지켜 내자!"

1970년 봄, 따스한 바람과 꽃망울을 터뜨린 나무들 사이로 매캐한 연기가 피어올랐어. 경찰들이 쏜 최루탄이 사방 곳곳에서 터지며 시위 학생들을 덮치고 있었지.

"전경이다!"

"어서 피해!"

"이쪽으로!"

그와 함께 한 무리의 시커먼 물결이 학생들에게로 향했단다. 단단한 헬멧을 쓰고, 몽둥이와 방패로 무장한 전투 경찰들은 한번 정한 목표가 쓰러질 때까지 공격하는 말벌 떼처럼 학생들을 향해 거침없이 달려들며 소리쳤어.

"이 폭도들!"

"으아아악!"

그리고 이어지는 방망이 휘두르는 소리와 학생들의 처절한 외침. 피 흘리며 다친 학생들이 경찰들에게 끌려가거나 머리에 두 손을 올린 채 무릎을 꿇고 있었어. 그러는 사이 쓰러진 이들도 곳곳에서 나왔지. 요즘 같아서는 상상도

할 수 없을 만큼 끔찍한 광경이지만, 그때는 대한민국 어디서나 볼 수 있는 흔한 일이었단다.

일제강점기를 지나 전쟁까지 치른 우리 역사는 그 뒤로도 시련과 상처의 연속이었어. 눈이 녹고 꽃이 피며 봄이 왔건만, 이 땅의 진정한 봄은 아주 더디게 찾아오는 중이었지.

특히 폭력으로 권력을 잡고 대통령이 된 박정희가 헌법까지 마음대로 뜯어고치며 나라는 독재의 길에 들어서고 있었어. 한 사람이 아주 오랫동안 권력을 휘두르는 독재는 민주주의를 거스르는 것이었기에 사람들은 분노했고, 학생들은 거세게 저항했단다.

전국 어디나 마찬가지였는데 사람 많은 서울은 더욱 그랬어. 그중에서도 여러 대학이 모여 있는 서대문구의 신촌은 특히 유명하여 최루탄 연기가 가실 날이 하루도 없다고 할 정도였어.

그러자 바로 그곳에 자리한 서대문경찰서도 악명이 높아만 가고 있었지. 승진해도 가고 싶지 않을 만큼 경찰들이 꺼리는 곳으로 말이야. 격렬한 시위 중에 일어난 과격한 진압으로 부상자들이 쏟아지고 있었으니 골치가 아팠거든.

그런데 1970년 7월, 모두가 질색하는 서대문경찰서장 자리에 한 남자가 새로 부임했어. 단정하고 꼿꼿한 얼굴에 단호한 표정, 다부진 몸을 한 그는 전형적인 경찰의 모습이었지.

"군사독재 물리치자!"

퍽퍽퍽!

"……민주주의 지켜……내자!"

"이 새끼가 아직도 정신을 못 차렸어!"

퍽퍽퍽!

"……민주주…….."

"이제야 조용해졌네."

주변은 연일 자욱한 최루탄 연기 속에서 같은 일이 되풀이되고 있었어. 이 무렵 박정희는 폭력이나 절도, 성범죄 등 강력 사건들보다도 시위에 참여한 학생들을 잡아들이는 일에 열심이었거든. 언제 어디서나 독재자들은 늘 그랬으니 놀라운 일은 아니었지만, 그 폭력의 모습은 상상하기 힘들 만큼 잔인하고 끔찍했단다.

한편 다들 꺼리는 곳에 부임한 남자는 가만히 자리에 앉

앉아. 더운 여름이라 열어 둔 창문으로 들려오는 소리에 귀를 기울이고 있었지. 그리고 얼마 뒤 남자는 회의를 열고 부하들에게 명령을 내렸어.

"경찰의 임무는 시민을 보호하는 일이며, 학생들도 그 시민에 속한다. 그러니 앞으로 시위를 진압할 때는 최루탄과 진압봉의 사용을 되도록 자제하고, 힘들더라도 학생들이 절대 다치지 않도록 주의하라."

그 말에 회의에 참석한 경찰들은 당황하며 서로를 쳐다보았어. 시위대를 진압하며 그런 명령은 처음이었거든.

회의가 끝나고 나서 더욱 놀라운 일이 벌어졌어. 경찰서장인 남자가 시위를 주도하는 학생대표들을 직접 만나기로 한 거야.

마지못해 자리에 나온 학생들은 모두 마음을 닫고 있었어. 범죄자는 내버려두고 허구한 날 학생들만 때려잡는 경찰서의 대표이니 당연한 일이었지. 그런데 그 차가운 반응에도 남자는 인내심으로 그들을 여러 차례 만나며 진심으로 설득했어.

그러는 사이 경찰이 학생들을 대하는 방식이 달라지면서 마침내 경찰 대표와 학생 대표가 한뜻을 이루게 되었지. 민주주의를 요구하는 시위가 폭력이 되지 않도록 경찰과 학생 모두 서로 노력하기로 말이야. 그리하여 남자가 부임한 동안에는 이전과 달리 불필요한 사건이 거의 일어나지 않았대. 폭력이 넘실대던 시기에 보기 힘든 아주 놀라운 일이었단다.

세상에 잘 알려지지는 않았지만 큰 변화를 만들어 냈던 어른. 독재자의 끝없는 거짓말에 철퇴를 내린 시대의 증인. 경찰은 시민의 안전을 최우선으로 해야 한다며 거대한 권력에 맞서 명령을 거부한 사람. 이 사람의 이름이 바로 '안병하'야.

마흔두 살이던 안병하는 그해 여름 서대문경찰서장이 되었어. 당시 학생들의 시위는 매우 격렬했고, 특히 여러 대학이 모인 신촌에서 자주 일어났어. 그러니 서대문경찰서는 다들 일하기 꺼리는 곳으로 유명해졌지. 그런데 경찰서장이 된 안병하는 이전과 다른 방식으로 의미 있는 변화를 이끌어 냈단다.

학생 시위 이상으로 그것을 진압하는 경찰들은 매우 잔인하기만 했어. 다른 강력 범죄를 뒤로하고 시위에 참가한 학생들을 잡아가는 일이 가장 중요한 업무가 될 정도로 말이야. 안병하는 가장 먼저 이런 경찰의 역할을 바로잡기 위해 노력했어. 경찰의 임무는 시민을 보호하는 일이므로 불필요한 폭력을 줄여야 한다고 생각했거든.

안병하는 시위 학생들을 시민의 한 사람으로 바라보았어. 그들 역시 경찰이 보호해야 할 존재라고 여긴 거야. 또한 민주화에 대한 시민들의 열망을 이해하고 있었기에 시위가 자연히 늘어날 것이라고 예상했어. 그리하여 그에 대비한 훈련과 더불어 체계를 갖추어 나갔지.

늘 시위 학생들의 안전을 강조하던 그는 진압을 나간 경찰들에게 따로 휴가를 주며 부하들이 몸과 마음을 회복할 시간도 신경썼어. 함께 일했던 동료들과 부하들, 민주화운동에 참여했던 학생들이 하나같이 그를 기억하는 것은 어찌 보면 당연한 일이라고 할 수 있어. 그는 확실히 다른 고위 경찰들과는 정말 다른 사람이었던 거야.

군인이었던 안병하는 훈장을 받으며 국가유공자가 되었고, 경찰이 되어서도 여러 표창과 훈장을 받았어. 나라에서 공로를 인정해 줄 만큼 말 그대로 아주 잘나가는 경찰이었지.

하지만 큰 권력과 가까웠던 다른 군인들과 달리 그런 것에는 전혀 관심이 없었어. 아마 시민을 보호하는 경찰로 성실히 일하다 명예롭게 은퇴하고, 남은 삶을 소박하고 평화롭게 보내려고 하지 않았을까? 당시 보기 드물었던 그의 모습은 박정희에 이어 전두환이 다시 폭력으로 권력을 잡았을 때도 변하지 않았어. 그리고 역사는 안병하의 삶을 전혀 예상조차 못한 길로 이끌었단다.

1979년 12월, 군인 전두환을 중심으로 한 하나회는 나라를 집어 삼킬 음모를 꾸미더니 마침내 군사 반란을 일으켰어. 그 뒤 전두환은 나라가 혼란에 빠졌다며 '비상계엄'까지 선포했지. 나라가 비상사태라며 모든 사람이 군인의 명령을 따라야 한다는 소리였어.

하지만 그것이 총으로 시민을 협박하는 것임을 사람들은 잘 알았어. 바로 이전에 박정희 역시 그런 식으로 대통령이 되었기 때문이지. 총으로 무장한 군인들이 거리마다 살벌하게 서 있는 풍경이 또다시 펼쳐진 거야. 그럼에도 반복되는 슬픈 역사에서 사람들은 깨달음과 가르침을 얻으며 앞으로 나아가고 있었어.

그리하여 많은 이들은 그 거대한 폭력을 지켜보고만 있지 않았어. 특히 대학생들은 민주주의를 지키기 위해 더욱

목소리를 높이며 맞섰단다. 세상을 변화시키는 힘은 늘 불온하다 여겨지는 새로운 생각에서 시작되곤 했어. 어느 때고 혁명이 젊은 사람들을 중심으로 일어난 것도 그런 이유 때문일지 몰라.

이렇듯 저항이 거세지자 전두환은 강제로 학교 문을 닫았고, 시위에 참여한 학생들을 마구잡이로 잡아갔어. 그 과정에는 늘 무자비한 폭력이 동원되었지. 사람의 가장 기본적인 권리조차 전혀 보호받지 못했던 거야. 그럼에도 민주주의를 향한 불길은 더욱 거세지며 전국으로 퍼져 나갔단다.

그런 때에, 전남경찰서장으로 일하게 된 안병하의 사무실은 밤늦도록 환하게 밝혀져 있었어. 어느 곳보다 저항의 역사가 깊은 광주에도 민주주의를 외치는 목소리가 높아 가고 있었거든.

그럼에도 서대문경찰서에 있었던 것처럼, 당시 광주는 경찰과 시민이 큰 충돌 없이 시위가 이루어지는 중이었어. 안병하는 이전처럼 경찰들에게 늘 시민의 안전을 강조하면서 시위 학생들과도 직접 만나 서로 불필요한 싸움을 막자고 약속했지. 그런데 불행스럽게도 상황은 그 전보다 훨씬 좋지 않았어.

　광주 시민들의 거센 저항을 못마땅해하던 전두환이 폭도들이 날뛰고 있다며 계엄군을 보낸 거야. 터무니없는 거짓말이었지만, 그때는 스마트폰도 인터넷도 없었기에 사람들은 가짜 뉴스를 가려내기 어려웠어. 그리하여 그 말을 철썩 같이 믿는 이들이 많았단다. 그 오랜 거짓말은 지금도 사라지지 않고 남아 많은 사람의 마음을 여전히 억울하고 아프게 만들고 있어.

　역사에서는 소수에 속한 사람들에게 억울한 죄를 덮어씌우거나 말도 안 되는 딱지를 붙이는 일이 종종 일어나곤 했단다. 그리하여 억울하게 희생된 사람들이 오히려 비난받는 처참한 사건들이 우리 현대사에도 남아 있는 거야. 앞에서 본 제주 4·3사건과 광주 5·18민주항쟁이 대표적이라고 할 수 있지. 소수에 속했다고 하지만, 제주도와 광주 거의 전체가 짓밟혔을 만큼 희생된 사람들의 수는 너무나 많았단다.

　한편 계엄군이 휘두른 무자비한 폭력으로 광주의 평화는 고작 며칠 만에 산산조각 나고 말았어. 그럼에도 이런 사실을 다른 지역 사람들은 전혀 알지 못했어. 광주로 가는 길은 모두 막혀 버렸고, 방송은커녕 소식마저 전혀 전해지지 않았거든.

그야말로 육지의 섬처럼 완전히 동떨어진 상태가 지속되면서 광주는 어느새 먹을 것조차 부족해질 정도로 고립되었지. 그럼에도 사람들은 서로 도우며 위기를 넘기고 있었어. 계엄군의 폭력이 거리를 휩쓸었지만, 광주의 경찰과 시민은 서로를 다치지 않게 하기 위해 애썼어.

그런데 지금보다 더 엄청난 폭력이 그들을 덮칠 것이라고는 누구도 예상 못했던 그때, 이에 만족하지 않았던 전두환은 더욱 강경하게 진압하라는 명령을 내렸어. 무슨 수든 쓰라던 그의 말은 곧 시민에게 총을 발사하라는 것과 같은 뜻이었어. 그러자 계엄군은 명령에 따라 끔찍한 일을 준비하고 있었고, 그 모습을 지켜보던 안병하는 깊은 고민에 빠졌어.

계엄령이 내리면 경찰도 군대의 명령을 따라야만 했어. 경찰서장도 예외가 아니었지. 하지만 서울에서 만났던 학생들처럼, 광주에서 만난 학생들과 시민들은 모두 평범한 이들이었어. 안병하에게 '시민의 안전'은 곧 삶의 목표와 같았어.

그런데 거대한 권력은 지금 당장 시민들을 향해 총을 쏘라고 명령하고 있었어. 이 명령은 안병하가 그동안 믿고 지켜 온 경찰의 임무와 정반대되는 것이었어. 결코 쉽지 않은 결정에 그는 죽을 만큼 괴로워했지만, 결국 선택할 수밖에 없었단다.

이윽고 안병하는 침착한 목소리로 부하들에게 말했어.

"시민에게 총을 겨눠선 안 된다. 불필요한 충돌이 생길 수 있으니 경찰서의 무기를 옮기고, 시위대를 자극하지 않도록 한다. 진압봉은 되도록 사용하지 않도록 하며, 체포 과정에서 학생들의 피해가 없도록 조심하라."

자신이 어찌 될지 알 수 없는 상황에서도 안병하는 명령을 따르지 않았던 거야. 목숨을 걸고 권력에 맞서는 용기 있는 선택이었지. 그런데 그 뒤로 그는 예상했던 삶에서 완전히 벗어나 아주 오랫동안 역사의 그늘에 외로이 서 있어야 했단다.

채은아, 안병하의 삶 전체가 우리 현대사를 보여 준다고 할 만큼 그는 아주 혼란스러운 시대를 살았어. 식민지 시대에 나고 자라 청년이 되어서는 전쟁에 뛰어들었고, 중년이 되어서는 독재의 한복판에 서 있었거든.

그와 동시에 안병하는 언제나 거대한 집단에 속한 사람이기도 했어. 군인으로 경찰로 살며 여러 공을 세웠고, 높은 자리에 올라 권력이 늘 함께했으니 말이야. 그는 성실한 군인이자 경찰로 나라의 인정을 받는 사람이었어. 그럼에도 가장 위험한 순간에, 그 집단 너머에 있는 사람들을 생각하며 괴로워했지. 폭도라고 억울하게 누명을 쓴 평범한 시민들 말이야.

'간수와 죄수'라는 실험에 대해 들어 본 적 있니? 한 연구소에서 서로 다른 직업의 평범한 사람들을 모았어. 그런 다음 며칠 동안 감옥을 관리하는 간수와 감옥에 갇힌 죄수 역할을 주었지. 그랬더니 일주일이 되기도 전에 사람들이 자기 역할에 완벽하게 적응했다는 거야. 간수 역할을 하는 사람은 아주 무자비해졌고, 죄수 역할을 하는 사람은 금세 두려움에 휩싸여 시키는 대로 고분고분 따르는 사람으로 변했지. 놀랍기도 하고 무섭기도 하지 않니?

그런데 알고 보면 우리는 모두 살아가는 동안 어떤 식으로든 집단에 속하게 돼. 같은 학교, 같은 반, 같은 동네, 같은 학원 그 밖에도 아주 많은 것에 말이야. 사실 그 모든 것은 잠시일 뿐 영원하지 않지만, 우리는 가끔 그것들이 늘 변하지 않을 것 같은 착각에 빠지기도 한단다. 그런 착각이 때로는 사람을 아주 잔인하게 만들기도 하지. 마치 함정에 빠지는 것처럼, 지금은 전혀 생각할 수 없는 내가 되기도 하는 거야. 그런 일을 피하는 길은 결국 그 집단의 밖, 눈에 보이지 않는 선 너머를 떠올리는 상상력이라고 할 수 있을 거야.

안병하는 바로 그런 상상력을 잃지 않은 사람이었어. 성실한 경찰로 일했으면서도 그는 명령을 따를 수 없었어. 자신과 마주한 이들이 모두 평범한 사람이라는 사실을 모른 척할 수 없었던 거야.

그래서 죽을 만큼 괴로워하면서도 명령을 거부했단다. 그로 인해 억울하게 경찰을 그만둬야 했고, 모진 고문까지 당하며 병을 얻은 안병하는 얼마 뒤 세상을 떠나고 말았어. 그럼에도 시대의 물결은 흘러흘러 지금에 이르렀고, 마침내 그의 굳은 믿음과 용기가 만들어 낸 선택이 세상에 드러난 거야.

2017년 8월, 경찰청은 과거의 잘못을 반성하며 안병하를 '올해의 경찰영웅'으로 선정했어. 11월에는 전남경찰청에서 추모행사가 열렸는데, 5·18민주항쟁 관련 단체의 책임자들이 모두 참석했지. 시위를 이끌었던 사람들이 그들을 막은 경찰의 추모행사에 참석했을 만큼, 안병하는 서로 반대편에 서 있는 줄 알았던 사람들이 실은 같은 곳에 있었음을 보여 주었단다.

한편 군사 반란을 일으키며 권력을 잡은 전두환은 그 과정에서도, 그 뒤로도 수많은 사람을 무자비하게 짓밟았어. 그의 말 한마디에 많은 사람의 목숨이 위태로울 정도였지. 그런데 잔인한 거짓말쟁이였던 그는 욕심도 많았어. 자기가 한 일이 역사에 나쁘게 남는 건 싫었기에 당시 광주에서 일어난 일을 거짓으로 포장한 거야.

하지만 진실은 절대로 사라지지 않아. 손바닥으로 가릴 수도 없지. 지나간 역사 속에서 다시 모습을 드러낸 안병하는 시대의 증인이자 어리석고 참혹한 거짓말을 깨부수는 망치가 되었단다.

폭도들을 진압하라는 명령에 죽을 만큼 괴로워하면서도 '저들은 시민'이라며 끝내 명령을 거부했던 안병하. 경찰 조직에 몸담고 있으면서도 그 너머를 떠올릴 줄 알았던 그는 영원히 사라지지 않을 진실을 남겨 주었어. 나를 둘러싼 벽을 깨고, 보이지 않는 선 너머를 떠올리는 사람만이 깨달을 수 있는 진실이었지.

저마다 다른 자리에 서 있는 것 같지만, 우리는 모두 같은 자리에서 같은 시대를 살아가는 동등하고 소중한 존재라는 사실을 말이야.

오스카 쉰들러

한 사람을 구하는 것이
세상을 구하는 것이다

여기 한 독일 남자가 있어. 그는 사업가였단다. 술과 파티를 좋아하며 방탕하게 살았고, 그가 가장 좋아하는 건 바로 돈이었어. 돈 버는 데 재주도 있었기에 재산은 나날이 불어났지만 그는 만족하지 않았어. 그야말로 욕심쟁이였거든. 나치당 당원이 된 것도 그 이유였어. 히틀러와 나치당은 승승장구하며 권력을 잡고 있었기에, 그들에게 아첨하며 얻어 내는 사업 이득이 아주 쏠쏠했던 거야.

그러던 중, 독일은 전쟁을 일으켜 세상을 불안과 공포로 몰아넣었어. 처음에는 유대인을 대놓고 차별하더니 나아가 마구 학대하고 죽였지. 그러자 돈만 알던 욕심쟁이 사업가는 누구보다 나서서 유대인들을 보호하고 살리기 위해 노력했단다. 평생 모은 재산을 털어서 구한 사람은 무려 1,000명이 넘었어.

남자는 정의롭지도 완벽하지도 않았어. 돈 좋아하고 술 마시며 놀기 좋아했던 당시 흔하고 흔한 사람이었지. 그런 그가 자신의 모든 것을 바쳐 수많은 사람을 살린 거야. 전쟁 중에, 그것도 자기 나라 법을 어기면서까지 말이지. 이전의 모습을 떠올리면 상상하기 힘든 일이었지만, 마치 정반대의 사람이 된 것처럼 더 많은 사람을 구하기 위해 할 수 있는 모든 것을 다 했단다.

　사람을 구하고 세상을 변화시키는 것은 완벽한 사람이 아니라는 것을 보여 준 사람. 우리 모두의 마음속에 사랑이 존재한다는 사실을 삶으로 증명한 '오스카 쉰들러'야.

　'쉰들러 리스트'라는 말을 들어 본 적 있니? 오래전에 개봉된 영화의 제목이기도 한 이 말은 오스카 쉰들러가 만든 명단을 뜻해. 당시 독일은 폴란드를 비롯해 유럽의 여러 나라를 점령한 뒤 그곳에 사는 유대인들의 공장들을 강제로 빼앗았어. 그러고는 나치와 친한 사람들에게 싼값에 넘겼고, 독일군을 위한 물품을 만들도록 계약했지. 공장을 사들인 사업가들은 적은 돈으로 큰 이익을 남길 수 있었단다. 돈을 벌 수 있는 기회였기에 돈 좋아하는 오스카도 서둘러 폴란드로 달려왔어.

　오스카는 나치당 당원일 뿐만 아니라 높은 직급에 있는 사람들과도 친하게 지냈어. 당시 독일에서 건너온 다른 사람들처럼, 밤낮으로 독일군과 어울리며 어느덧 공장 하나를 얻게 되었지. 정부와 계약을 마친 뒤에는 헐값에 사들인 공장에서 독일군을 위한 조리 도구를 만들기 시작했어. 거기에 만족하지 않은 그는 뇌물을 뿌리며 정부로부터 더

많은 계약을 따냈고, 이제는 탄약 생산까지 맡게 되었어. 그러자 폴란드인 250여 명과 유대인 일곱 명으로 돌아가던 공장은 어느새 몇 배로 커지게 되었단다. 공장에는 일할 사람이 더 많이 필요해졌고, 열 명도 안 되던 유대인이 수백 명으로 늘어난 건 이때부터였어.

신나게 돈을 벌어들이던 그때, 독일은 일할 사람이 점점 더 필요해지자 게토에 몰아넣었던 유대인들을 부리기 시작했어. 히틀러와 나치당은 하나같이 유대인을 사람으로 대하지 않았어. 많은 공장 주인도 마찬가지여서 돈은커녕 먹을 것도 제대로 주지 않았고, 그야말로 쓰러져 죽을 때까지 고된 일을 시켰어. 수많은 사람이 모두 비슷했지.

한편 유대인들이 공장에서 일하게 되면서 그들을 관리하는 목록이 만들어졌어. 이른바 '쉰들러 리스트'는 공장에서 일하는 유대인들의 이름이 적힌 공책으로, 다른 곳에서도 흔하게 볼 수 있었어. 하지만 거기에 담긴 뜻은 하늘과 땅만큼 달랐단다.

어린 시절 오스카 주변에는 유대인 아이들이 늘 있었지만, 말 한마디 제대로 해 본 적은 단 한 번도 없었어. 그런 그에게 히틀러가 외치는 강한 독일은 그저 돈을 벌 수 있는 좋은 기회로만 보였을 거야. 그러니 유대인과 그들의 처지에 아예 관심조차 없었고, 말 한번 나눠 본 적 없었으니 사실 그들에 대해 아는 것도 없었지.

그런데 폴란드에서 공장을 운영하는 동안, 오스카는 함께 일하게 된 유대인 회계사 아이작 스턴과 점점 친해지고 있었어. 오스카는 아이작을 통해 유대인의 현실을 제대로 알게 되었지. 게토에 갇혀 자유를 빼앗기고 인간으로 인정받지 못하는 그들의 삶은 참혹하기만 했어. 히틀러의 강한 독일을 지지했지만, 강한 독일을 만든다는 명목으로 저지르는 온갖 못된 일들에 대해 생각해 본 적 없는 그에게는 실로 큰 충격이었어. 현실에 눈뜨기 시작하자 충격은 거기서 끝이 아니었어. 공장을 운영하며 신나게 돈을 버는 동안, 오스카는 독일군에게 아첨하며 친하게 지냈어. 그런 그들이 유대인을 학대하는 모습은 상상하지 못할 정도로 잔인했던 거야.

그때까지 삶을 살펴보면 오스카는 도덕적이거나 정의로운 사람은 절대 아니었어. 그저 돈이 최고였고, 차별과 불평등 따위는 생각해 본 적도 없었지. 하지만 그런 사람조차 참기 힘들 만큼, 당시 유대인들의 삶은 너무나 처참했단다. 오스카는 히틀러의 정책을 대놓고 반대하지는 않았어. 사실 그럴 힘도 없었어. 그럼에도 상상할 수 없을 만큼 잔인한 폭력 속에서, 점점 자기 안에 숨어 있던 사랑이 모습을 드러내게 된 거야.

아이작과 힘을 모은 오스카는 공장에 도착한 유대인들을 돕기 시작했어. 그들을 사람으로 존중했을 뿐만 아니라 먹을 것과 필요한 것을 구해 주며 돌보았지. 그러다 독일 비밀경찰에게 여러 차례 경고를 받았고, 때로는 경찰서에 끌려가 조사도 받았어.

당시 독일에서 유대인 차별은 당연한 일이었거든. 독일인의 피와 정신을 보호한다며, 유대인을 동등하게 대하거나 도움을 주는 것을 법으로 금지했지. 오스카는 그 법을 어겼다는 이유로 경고와 조사를 받게 된 거야. 사람을 차별하라는 법을 만들고, 누군가를 도왔다는 이유로 경찰에 끌려가다니 참으로 어처구니없는 일이지? 그런데 놀랍게도 당시 세상이 그랬단다. 생각하길 멈추고 폭력에 물든 사람들은 어느새 끔찍한 괴물이 되어 있었어.

하지만 오스카는 멈추지 않았어. 하던 일을 들키거나 조사를 받을 때마다 뇌물을 주며 풀려났고, 자신이 하는 일

을 숨겼지. 폭력이 지배하는 세상에서 사람들은 서로를 믿지 못했어. 누가 언제 자신을 배신할지 알 수 없어 두려웠기 때문이야. 그래서 사람들의 믿음은 돈으로 향했단다. 독일군과 비밀경찰도 다르지 않았기에 뇌물은 언제 어디서든 통하곤 했어. 뇌물을 주고 공장을 헐값에 사들이고, 중요한 계약을 따내며 승승장구하는 세상은 곧 사람이 아닌 돈을 믿는 세상, 돈으로 사람의 목숨도 살 수 있는 세상이었어. 히틀러의 강한 독일은 바로 그런 곳이었고, 사실은 그 누구도 행복할 수 없는 불행한 세상이었단다.

그런 세상에서 오스카는 자신이 가진 모든 것과 유대인의 생명을 맞바꾸었어. 그가 뇌물로 바친 것을 기록한 장부에는 독일군과 경찰에게 들어간 어마어마한 돈과 보석, 그림 등의 목록이 적혀 있어. 말 그대로 모든 것을 바친 거야. 때로는 자기가 가진 힘을 쓰기도 했어. 공장의 노동자로 유대인을 데려오는 일을 교묘히 이용하기로 했지. 그리하여 뇌물을 주고, 유대인 어린이와 여성 들을 경험 많은 경력자로 속여 목록에 올렸단다. 그의 공장은 어느덧 유대인을 보호하는 비밀 기지가 되어 있었어.

그뿐만 아니라 오스카는 독일군에게 뇌물을 주어 중요

한 물품을 생산하는 계약을 늘 따냈어. 꼭 필요한 것을 만드는 곳이니 공장은 멈추지 않았고, 유대인들도 계속 데려올 수 있었거든. 규모를 줄이거나 문을 닫게 하려는 시도가 보이면 공장의 중요성을 주장했어. 때로는 일이 잘못되면 책임질 거냐며 으름장을 놓기도 했지. 그리하여 그의 공장은 규모가 작아지거나 문 닫는 일 없이 계속해서 돌아갔고, 그곳에서 목숨을 건진 유대인의 수도 함께 늘어난 거야.

한편 승승장구하던 히틀러의 독일은 점차 기세가 꺾이자, 죄를 덮기 위해 잡아 뒀던 유대인들을 한꺼번에 죽음으로 내몰기 시작했어. 지금도 대한민국을 비롯해 세계 곳곳에서는 오래전 수많은 사람이 한꺼번에 죽임을 당한 학살 사건이 계속해서 밝혀지고 있어. 모두 전쟁 중에 벌어진 일이었지. 때로는 수백 명에 이르는 사람들이 한꺼번에 세상을 떠났을 만큼, 전쟁 중에 사람은 사람이 아니라 그저 숫자로 여겨지며 잔인하게 희생된 거야. 당시 수많은 유대인도 수용소의 가스실로 끌려가 한꺼번에 세상을 떠났단다.

이 시기에 독일군을 피해 유대인 지도자들을 만난 오스

카는 그들을 구할 방법을 고민하다 큰돈을 들여 고향에 거대한 공장을 세운 뒤 다시 계약을 따냈어. 물론 뇌물을 주고 얻은 특혜였지. 그리고 많은 유대인을 공장의 노동자로 고용하겠다며 데려갔어. 이렇게 '쉰들러 리스트'에 이름을 올린 사람들은 죽음에서 벗어날 수 있었어. 그뿐만 아니라 공장에 오기로 했던 유대인 여성 200여 명이 가스실로 가게 되었을 때는 한 사람씩 뇌물을 주고 모두 데려오기도 했어. 가스실에서 죽기 직전의 사람들이 살아남은, 거의 유일한 일이었지.

오스카의 눈물겨운 노력은 그걸로 끝이 아니었어. 어느 날, 유대인 남자 120여 명이 광석을 캐는 채석장으로 소련군이 쳐들어왔어. 그러자 독일군은 소련군을 피해 후퇴하면서, 유대인들을 마차에 싣고 물과 음식도 주지 않은 채 며칠을 달린 뒤 기차역에 도착했어. 독일군은 그들을 기차에 태워 수용소로 보내려고 했던 거야. 그때 뇌물을 주고 열차를 막은 오스카는 끔찍한 동상과 굶주림에서도 살아난 100여 명을 치료하며 돌보았어. 게다가 세상을 떠난 사람들의 장례도 치러 주었지. 독일군에게 뇌물을 주어 묘지를 구한 다음 유대인의 의식에 따라 억울한 죽음의 마지막

길을 지켜 주었단다.

　오스카는 한 사람이라도 더 살리기 위해 자신의 모든 것을 바쳤고, 그들의 억울하고 원통한 죽음 뒤에는 용서를 빌었어. 돈만 아는 사업가는 어느덧 유대인을 위해 자신의 삶을 걸고 함께 눈물 흘리는 사람이 되어 있었지. 같은 사람이 맞을까 의문이 생길 정도로, 그는 유대인을 만나기 전후의 삶이 하늘과 땅만큼 달랐어. 잔인한 현실은 어느새 마음 깊숙이 숨어 있던 사랑을 이끌어 내고 있었지. 히틀러의 크고 우렁찬 연설에 감명받았던 그는 현실을 바라보는 순간, 강한 독일의 잔인함을 깨달으며 모든 사람의 소중함을 되새기게 되었단다.

　채은아, 오스카 쉰들러는 참으로 다양한 면을 가졌어. 한때는 돈만 아는 지독한 사람이었고, 또 한때는 누구보다 따뜻하고 강한 마음으로 많은 사람을 살렸으니 말이야.

　그런데 역사를 보면 그런 일은 생각보다 많았어. 일제강점기에 친일을 하며 민족반역자가 된 사람이 갑자기 독립운동에 뛰어들기도 했고, 독립운동을 했던 사람이 친일로 돌아서며 악독한 일제의 앞잡이가 되기도 한 것처럼 말이야. 대한민국 현대사에서도 마찬가지야. 그저 나라에서 시키는 대로 자기 일만 하던 사람이 한 순간 용기를 내 민주주의의 탄생에 밑거름이 되기도 했고, 그 시절 소리 높여 독재와 싸웠던 사람이 어느새 그 권력에 빌붙으며 추하게 변한 것처럼.

얼핏 이해되지 않는 일이지만, 세상이 멈추지 않고 변하는 것처럼 사람도 마찬가지이기 때문일지도 몰라. 완벽한 사람도 없고, 늘 그대로인 사람도 없으니 사람은 누구나 변하는 존재라고 할 수 있어.

중요한 것은 모든 사람은 선한 마음과 사랑을 간직하고 있다는 사실을 기억하는 일일지도 몰라. 그 사실을 깨닫자 돈만 알던 사업가는 다른 사람을 비롯해 자기 스스로를 구해 내며 참혹한 전쟁 속에서도 사람으로 남을 수 있었어.

유대인을 구하는 데 자신의 모든 것을 바쳤던 오스카는 전쟁이 끝난 뒤 전범국의 국민으로 가난하게 살았어. 이런 오스카를 어려움 속에서 구한 건 그 덕분에 살아남은 유대인들이었어. 전쟁이 끝난 뒤 이스라엘을 여러 번 방문했던 그는 살아남은 사람들과 직접 교류했어. 죽음 앞에서 함께 했던 시간은 무엇보다 단단한 인연으로 남았거든. 그리하여 그는 독일에서 사망했지만 예루살렘에 묻혔고, 무덤에는 이런 짧은 글이 새겨졌단다.

**유대인 1,200명을 구한 생명의 은인이자
영원히 잊을 수 없는 사람**

그 삶에 이보다 더 잘 어울리는 말이 있을까.

거대한 폭력에서 수많은 생명을 구한 오스카 쉰들러. 늘 옳지도 늘 틀리지도 않았던 그의 삶은 보통 사람의 사랑과 용기를 보여 주었어. 그리고 지금도 이렇게 말하고 있단다. 사랑을 간직한 우리는 누군가를 구할 수 있다고. 한 사람을 구한다면 세상도 구할 수 있을 것이라고. 바로 네게 세상이 달려 있다고. 길고도 짧은 인류의 역사가 바로 그 증거라고 말이야.

폴 루세사바기나

아프리카의 눈물

세계지도를 펼치면 삐뚤빼뚤하게 그어진 국경선들을 볼 수 있어. 그런데 유난히 직선이 많이 보이는 대륙이 있어. 바로 아프리카야. 산과 강 같은 자연을 따라 긴 시간에 걸쳐 서서히 만들어진 다른 대륙의 국경선과 달리 아프리카 대륙에는 마치 자를 대고 그린 듯 곧은 국경선이 많이 보여. 그 이유는 무엇일까?

15세기가 되자 과학기술이 크게 발전하면서 유럽은 어느덧 '대항해시대'에 접어들었어. 낭만적인 기운이 물씬 느껴지는 이 말은, 그러나 여러 대륙에서 피와 눈물의 역사를 낳고 있었지. 앞에서 본 해리엇 터브먼 기억나니? 조부모가 노예사냥으로 잡혀오면서 부모님과 해리엇은 태어나면서부터 노예였어. 그뿐만 아니라 유럽인들은 사람들이 살고 있는 땅을 마음대로 점령해 식민지로 삼으며 거대한 농장을 만들었어. 그러고는 그곳에 살던 사람들에게 죽도록 일을 시켰고, 그렇게 얻은 수확물은 싼값에 팔려 거의 유럽으로 실려 갔단다. 유럽은 침략과 수탈로 부자가 되었지만 침량당한 대륙은 더 가난해졌지.

유럽의 식민 통치를 당했던 많은 나라가 그때의 역사 때문에 오늘날까지 괴로운 문제들에 시달리고 있어. 다양한 나라와 민족이 함께 살고 있는 넓은 대륙 아프리카는 더욱 그럴 거야. 더구나 아프리카는 그 어느 곳보다 처참히, 오랫동안 식민 지배를 받은 곳이기도 하거든. 그리하여 역사가 흘러오며 생긴 문제들이 쌓이고 쌓여 지금도 큰 슬픔과 비극으로 이어지고 있단다. 노예제의 긴 역사가 이어지는 동안 끌려가 강제 노동에 시달린 사람들처럼, 그들의 고향도 오랫동안 백인들에게 짓밟혔던 거야.

1881년부터 1914년 제1차 세계대전이 일어나기 직전까지, 유럽의 강대국들은 아프리카를 서로 차지하려고 다투었어. 산업혁명이 일어나고 공업이 발달하면서 값싼 원료를 얻을 곳과 상품을 판매할 곳이 필요했기 때문이지. 당시 유럽은 너나 할 것 없이 식민지 만들기에 힘을 쏟았어. 인권과 민주주의, 평등과 평화의 가치가 새롭게 발견되는 동시에 인종차별과 착취, 불평등도 이뤄지고 있었지.

그리하여 넓은 대륙을 자유로이 떠돌며 문화와 풍습을 나누던 아프리카의 여러 민족은 어느 날 갑자기 백인들 때문에 큰 혼란을 겪기 시작했어. 백인들은 서로 다른 문화와 역사에 상관없이 오로지 자신들의 이익을 위해 마음대로 국경선을 그어 버렸거든. 전혀 다른 문화를 가진 부족들이 때로는 가까이 살았고, 같은 풍습을 공유하는 부족들이 때론 떨어져 살았지만 이런 사실은 깡그리 무시되었지. 자유롭게 오가던 땅은 가로막혔고, 삶의 방식이 서로 다른 사람들이 갑자기 한 나라로 묶이고 말았어. 그리하여 순식간에 생긴 국경은 혼란을 넘어 갈등으로 이어졌고, 그 국경을 따라 새로운 나라들이 계속 생기면서 갈등은 더욱 깊어만 갔단다.

아프리카와 중동에서는 지금도 많은 사람이 죽거나 다치는 크고 작은 싸움이 벌어지고 있어. 그런데 그것은 그들만의 문제라고는 할 수 없어. 아주 오랫동안 백인들이 그곳에 마음대로 끼어들어 갈등과 분쟁의 씨앗을 만들었으니 말이야. 하지만 아프리카 대륙은 유럽에서 멀리 떨어져 있으니 슬픔과 불안은 오로지 그 땅에 살고 있는 사람들의 몫이 되고 말았어. 1994년 르완다에서 일어난 사건도 마찬가지였지.

아프리카 대륙 중앙에 자리한 르완다는 1885년 독일의 식민지가 되었다가 1919년부터 벨기에의 지배를 받기 시작했어. 그러던 1961년 마침내 정부를 세우고 독립하게 되었지만, 여전히 갈등의 불씨가 남아 있었어. 국경이 나뉘기 전에도 아프리카 중앙의 르완다와 브룬디에는 후투족, 투치족, 트와족이 살고 있었어. 그중 후투족 수가 가장 많았지. 그런데 르완다를 지배한 벨기에는 소수의 투치족을 이용해 후투족을 지배했고, 차별과 불평등이 그 도구가 되었단다. 자연히 슬픔과 불안이 차곡차곡 쌓이고 있었지.

이렇게 굳어진 차별과 불평등은 르완다와 브룬디가 각각 독립된 나라가 된 뒤에도 사라지지 않았고, 투치족은 여전히 후투족을 지배했어. 그런데 르완다에서 차별받던 후투족이 반란을 일으키며 정권을 잡은 거야. 그 순간 오랫동안 쌓인 울분이 한꺼번에 터져나오며 피바람을 부르는 갈등이 함께 시작되었어. 국경이 생기기 전에도 갈등이 없지는 않았지만, 무차별로 사람들이 죽어 나가지는 않았어. 하지만 어느 날 갑자기 마음대로 땅을 지배하기 시작한 백인들로 인해 깊어진 감정의 골과 뒤엉킨 분노가 걷잡을 수 없는 싸움으로 이어지게 된 거야.

그렇게 시작된 전쟁은 수십 년이 지나도 끝나지 않았어. 서로 죽고 죽이는 그 싸움에서 양쪽 모두 100만 명이 넘는 사람들이 희생되었지. 그럼에도 갈등은 계속되었고, 대통령이 새로 뽑힐 때마다 정권을 둘러싼 싸움이 벌어졌단다.

부족 간의 갈등으로 빚어진 그 전쟁은 지금까지 깊은 슬픔을 남기고 있어. 그런데 그런 싸움이 수십 년간 계속된다면, 잠깐 평화가 찾아와도 사람들의 불안과 긴장이 완전히 사라질 수는 없을 거야. 모두의 몸과 마음에는 크고 작은 상처가 아물 새 없이 생겨나고 있었지.

그러던 1994년, 후투족 출신의 르완다 대통령은 후투족과 투치족 사이의 오랜 갈등을 끝내고자 유엔이 주도하는 평화협정에 따르겠다고 선언했어. 모두가 갈망하는 순간이 마침내 찾아오는 것만 같았지. 그리하여 유엔군을 비롯해 역사적인 순간을 취재하려는 수많은 외국 기자와 외교관이 수도 키갈리에 와 있었단다.

그때 '폴 루세사바기나'는 키갈리에서 최고로 손꼽히는 호텔의 지배인으로 일하고 있었어. 한꺼번에 찾아온 기자와 외교관, 외국인 등으로 호텔이 북적이자 어느 때보다 바쁘게 보내고 있었지. 그런데 예상 밖의 일이 벌어졌어. 대통령이 타고 가던 비행기가 폭격으로 추락한 거야. 세상에 충격을 준 이 사건으로 르완다는 순식간에 큰 혼란에 빠졌어.

폴은 후투족이지만 그의 아내는 투치족이었어. 오랫동

안 함께 살아왔기에 두 부족의 사람들이 결혼하는 일은 흔했거든. 부족의 갈등이 드디어 풀어지고 이제야 마음 놓고 살 수 있겠다고 기대했던 사람들은 갑작스런 일로 긴장과 불안에 떨었고, 그것은 곧 현실이 되었어. 후투족 중 극단주의자들이 대통령의 원수를 갚겠다며 투치족을 죽이기 시작한 거야.

하루아침에 전쟁터가 된 르완다는 그야말로 지옥이 따로 없었어. 그러자 폴이 일하는 호텔로 투치족 이웃들이 몰려들었단다. 호텔에는 외국인들이 많이 머물고 있었기에 함부로 공격할 수 없었고, 투치족 아내를 둔 그는 평소 다른 부족을 차별하지 않았기에 투치족 지인들에게 마지막 희망과도 같았거든. 그 간절함에 화답하듯 폴은 사람들을 호텔에 숨겨 주었어.

그런데 다음 날 후투족 극단주의자들이 찾아와 전에 일했던 다른 호텔로 폴을 끌고 가서는 금고를 열라고 협박했어. 도둑질을 할 수는 없다며 거부하다 흠씬 두들겨 맞은 그는 투치족 사람들을 숨겨 주었다는 사실이 탄로나 목숨을 위협받게 되었지. 극단주의자들은 폴에게 숨겨 둔 투치족 사람들을 직접 죽이라고 했고, 이를 따르지 않으면 가장 먼저 죽이겠다고 협박했어. 그러자 그는 서둘러 금고를 열고 돈과 보석을 뇌물로 주어 간신히 살아남아 호텔로 돌아올 수 있었어.

하지만 르완다의 상황은 점점 나빠지고 있었어. 그나마 폴의 호텔은 외국인과 유엔군이 머물고 있어 무사했지만, 다른 곳은 이미 쑥대밭이 된 뒤였지. 투치족 사람들은 물론 싸움에 반대하는 후투족 사람들도 생명을 위협받기 시작했고, 그들은 모두 폴의 호텔로 몰려들고 있었어. 당시 호텔 사장이 자리를 비우며 총 책임자가 된 폴은 사람들을 보호하기 위해 할 수 있는 일을 다 했단다. 정부군에 뇌물을 주면서까지 호텔의 안전을 최대한 오래 지켰고, 벨기에에 있는 본사에 연락해 호텔 문을 닫지 말아 달라고 호소했어. 지금 이곳 호텔이 유일하게 안전한 곳이라고, 여기마저 사라진다면 모두 죽고 말 거라면서 말이야.

그러던 중 프랑스군이 르완다에 왔어. 사람들은 자신들을 도와줄 거라 믿고 기뻐하며 반겼지만, 프랑스군은 르완다 사람에게는 관심이 없었어. 다른 외국인들만 피신시키라는 명령을 받고 온 그들은 호텔로 찾아온 부모 잃은 아이들 대신 그들을 보호하고 있던 신부와 수녀만을 데려갔

단다. 군대의 명령 앞에 어쩔 줄 모르며 발을 떼지 못하는 신부의 등을 폴이 떠밀었어. 아이들은 자기가 보호할 테니 어서 가라고 했지. 마지막까지 주저하던 사람들이 모두 떠나자 이제 호텔에 외국인은 아무도 없었어. 하지만 폴이 숙박부와 문패를 없애며 그 사실을 들키지 않을 수 있었단다.

이제 수많은 사람의 목숨을 홀로 책임지게 된 폴은 고민하고 또 고민하며 방법을 찾기 시작했어. 가장 먼저 벨기에 사람인 호텔 사장에게 연락해 도움을 요청했지. 이에 사장은 호텔 문을 닫지 않겠다고 알렸고, 외국인이 소유하는 호텔을 공격했다가는 무슨 일을 당할지 몰랐기에 극단주의자들도 더는 가까이 다가오지 못했어.

한편 폴과 연락을 주고받는 동안 사장은 벨기에 총리와 프랑스 대통령, 유럽의 정치인 들에게 르완다의 상황을 알리며 도움을 요청했어. 하지만 그의 간절한 호소에 아무도 귀 기울이지 않았어. 마음대로 식민지를 만들고 국경선을 그으며 가장 큰 문제의 씨앗을 뿌렸던 유럽의 정치인들은 거기서 비롯된 전쟁을 모른 척했던 거야.

불안과 긴장 속에서 처참한 죽음이 이어지고 있었지만, 외국인이 모두 떠나자 유엔군은 철수를 시작했어. 그러면서 사람들을 보호한 폴의 공로를 인정한다며 그와 가족 몇 명만을 데려가겠다고 했지. 하지만 자기마저 떠나면 남은 사람들은 죽을 게 뻔했기에 폴은 가족들과 사람들을 보내고 홀로 남았단다. 그야말로 죽음을 각오하며 남은 사람들과 함께하기로 마음먹었던 거야.

이처럼 서양의 무관심과 외면에도 홀로 애썼던 폴은 100여 일을 버티며 1,000명이 넘는 사람들을 구했어. 르완다의 상황이 점차 세상에 알려지면서 유엔을 비롯한 서양에 비난이 쏟아졌고, 유엔군은 그제야 행동을 시작했거든. 그래서 많은 사람은 죽기 직전이 되어서야 난민 캠프로 향하며 살아남을 수 있었어. 이들을 지킨 폴의 노력은 영화로도 만들어지며 더욱 널리 알려지게 되었지.

폴이 처음부터 용기를 냈던 것은 아니야. 후투족과 투치족의 불안한 공존 속에서, 친하게 지내던 이웃이 갑자기 스파이로 몰리고 끌려가 다시 돌아오지 못했을 때 그는 숨죽이고 있었어. 투치족 아내의 남동생 부부가 불안에 떨며 잠시 같이 살면 안 되겠냐고 찾아왔을 때도 마찬가지였지. 그 가족은 다음 날 한꺼번에 사라지고 말았단다.

이 일은 폴에게 큰 죄책감으로 남았어. 그리하여 두려

움을 느끼면서도 거대한 폭력에 맞서기로 했지. 결코 쉬운 일은 아니었어. 그럼에도 가까운 이들의 억울한 죽음은 깊은 상처가 되었고, 더는 그런 일을 겪고 싶지 않았기에 두려움 속에서도 용기를 냈던 거야. 수많은 사람을 살린 폴은 난민 캠프에서 기적처럼 조카들을 만나며 죄책감을 조금은 덜어 낼 수 있었어. 처남 부부의 부탁을 그냥 넘긴 일은 여전히 가시처럼 마음을 찔러 댔지만, 조카들과 만나며 그 상처도 마침내 아물 수 있었던 거야.

채은아, 르완다의 이 사건은 아프리카에서 일어나는 여러 전쟁 중 하나로, 서양 세계가 뿌려 놓은 갈등이 싹트며 생긴 비극이었어. 폴이 홀로 힘겹게 버틴 100여 일의 시간과 그가 지켜 낸 1,000명이 넘는 사람들은, 그것을 모른 척했던 유럽의 정치인들과 세상을 향한 커다란 외침이 되었단다. 길게 이어진 역사에서, 아프리카에서 벌어지는 일에 대한 이른바 선진국들의 책임을 묻기 시작한 거야.

그리고 마침내 2021년, 프랑스와 르완다에서 각각 이루어진 진상 조사의 결과가 발표되었어. 그런데 두 나라의 결과는 정반대로 나타났어. 르완다 대량 학살에 대해 프랑스 정부는 전혀 알지 못했다며 개입을 부정했는데, 르완다 정부의 보고서는 프랑스의 책임을 분명하게 밝히고 있거든. 같은 사건을 두고 전혀 다른 입장을 내세우며 대립하는 것이지. 오랜 시간이 지난 뒤에야 마침내 진실을 밝히고, 아프리카의 평화를 되찾는 일이 막 첫발을 뗀 거야.

그런데 인류 역사에서 이런 일은 드물지 않단다. 일본군 위안부와 강제징용 피해자를 일본 정부가 여전히 부정하는 것처럼, 코로나가 전 세계를 뒤덮은 사이 오래전 광주를 덮친 것과 비슷한 폭력이 미얀마를 짓밟고 있는 것처럼. 역사는 빛나는 순간만큼이나 슬프고 절망적인 일들이 되풀이되고 있어. 그렇기에 세상은 여전히 불완전하고 불안한 곳일지 몰라.

그럼에도 지금은 어느 때보다 더욱 용기를 내고, 서로서로 손잡으며 앞으로 나아가야 할 때일 거야. 세상은 불안정해 보이지만, 오랫동안 감춰졌던 많은 비극과 슬픔이 드러나는 것은 건강한 일이라고 할 수 있어. 상처가 아무는 동안 쓰라린 아픔이 함께하는 것과 같다고 볼 수 있는 거야. 슬픔과 아픔 속에서도 세상은 한 발 한 발 더 나은 방향을 향해 걸어가고 있는 것이지.

그 속에는 중요한 순간에 옳은 길을 걸어간 사람들이 있었어. 완벽하지 않기에 갈등과 혼란을 겪고 때론 실수도 저지르지만, 결국 옳은 길을 선택한 사람들 말이야. 누군가를 살렸던 그 용기는 언제나 길고 긴 폭력에 맞서 사람을 지키는 귀한 밑거름으로 이어지고 있어. 세상을 단 한 번에 바꿀 수는 없지만, 세상이 옳은 방향으로 향하도록 변화를 만들어 내는 힘이 되는 것이지.

사람이란 무엇인가? 사람은 어떻게 살아야 하는가? 그런 질문들이 사라지지 않고 남아 누군가를 구하는 힘이 된 건 그 작은 용기에서 비롯되었어. 시간과 장소에 상관없이 사람이 언제나 그랬단다. 지금까지 우리가 살펴본 사람들처럼.

우리는 비록 작고 약하지만, 어쩌면 내 곁에 한 사람을 도울 힘은 가지고 태어나는 것일지 몰라. 작은 촛불이 모여 횃불이 되듯 지금은 작은 힘이 진정한 화해와 화합으로 나아가는 큰 물결이 될 수 있는 거야. 은폐되었던 진실들이 하나둘 밝혀지는 오늘날, 그것이 역사가 만들어지는 과정임을 우리는 잊지 말아야 해.

그러는 동안 긴 시간 동안 가려졌다 모습을 드러낸 숨은 영웅들은 우리에게 보이지 않는 힘이 되어 주고 있어. 되풀이되는 실수를 바로잡으며 진실을 밝히고, 사람들의 슬픔과 아픔을 위로하며, 모두 함께 미래로 나아가게 하는 밑거름이 되는 거야. 이렇듯 역사 속에서 자기 손을 내밀었던 수많은 사람은 지금도 말하고 있단다. 지금 우리가, 바로 네가 누군가를 구할 수 있다고. 우리에게, 바로 너에게 미래가 달려 있다고. 그 하나하나가 모여 역사가 되는 것이라고. 그러므로 우리는 모두 괜찮을 거라고.